할리우드 키드의 발칙한 영어노트

저자_ 김태영

1판 1쇄 인쇄_ 2010. 7. 13.
1판 1쇄 발행_ 2010. 7. 19.

발행처_ 김영사
발행인_ 박은주

등록번호_ 제406-2003-036호
등록일자_ 1979. 5. 17.

경기도 파주시 교하읍 문발리 출판단지 515-1 우편번호 413-756
마케팅부 031)955-3100, 편집부 031)955-3250, 팩시밀리 031)955-3111

저작권자 ⓒ 2010 김태영
이 책의 저작권은 저자에게 있습니다. 저자와 출판사의 허락 없이
내용의 일부를 인용하거나 발췌하는 것을 금합니다.

COPYRIGHT ⓒ 2010 Tae Young Kim
All rights reserved including the rights of reproduction
in whole or in part in any form. Printed in KOREA.

값은 뒤표지에 있습니다.
ISBN 978-89-349-4002-9 18740

독자의견 전화_ 031)955-3200
홈페이지_ http://www.gimmyoung.com
이메일_ bestbook@gimmyoung.com

좋은 독자가 좋은 책을 만듭니다.
김영사는 독자 여러분의 의견에 항상 귀 기울이고 있습니다.

할리우드 키드의 발칙한
영어 노트

김태영 지음

김영사

CONTENTS

Prologue P.006

How to Read P.008

Chapter 1 — DREAM
행복한 인생의 조건

#1 Kung fu Panda
쿵푸 팬더
012

#2 Shrek 2
슈렉 2
034

#3 Finding Nimo
니모를 찾아서
054

Chapter 2 — JUSTICE
선과 악의 숙명적 대결

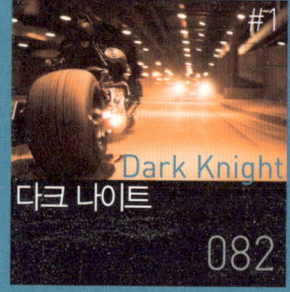
#1 Dark Knight
다크 나이트
082

#2 Star Wars: Episode III: Revenge Of The Sith
스타워즈 에피소드 3: 시스의 복수
102

#3 Sicko
식코
116

Chapter 3   우리가 살아가는 모든 이유 HOPE

#1 Slumdog Millionaire
슬럼독 밀리어네어
136

#2 I am Sam
아이앰샘
158

#3 Cinderella Man
신데렐라 맨
180

Chapter 4   소외된 이들의 발칙한 반란 STEREOTYPE

#1 The Incredibles
인크레더블
196

#2 Legally Blonde
금발이 너무해
212

#3 Cool Runnings
쿨러닝
228

Chapter 5   달콤 쌉싸름한 그것 LOVE

French Kiss
프렌치 키스
246

#2 How To Lose A Guy In 10 Days
10일안에 남자친구에게 차이는 법
268

The Hunchback Of Notre Dame
노틀담의 꼽추
280

PROLOGUE

종종 영화에서 가슴에 다가와 '쿵'하고 울리는 대사를 만난다. 영화란 두어 시간의 유희로만 즐길 수도 있지만, 나는 더 많은 걸 건진다. 때때로 용기를, 위로를, 의욕을, 희망을, 감동을. 또 영화는 시간적 상황적 한계 때문에 우리가 체험해 보지 못하는 무수한 경험 중 일부를 스쳐 볼 수 있는 일종의 간접 경험이기도 하다. 타인의 시각으로 세상을 보고 그들의 기쁨과 고뇌와 슬픔을 이해하는 기회를 가져 보면 더 깊고 넓은 시야를 가질 수 있기에 간접 경험은 보다 적극적이고 인간다운 삶을 살아가는 데 필수이다.

나와 영화의 인연은 깊다. 영화평과 칼럼을 기고했고 자막 번역을 했고 Cinema English 방송을 했고 영화배우 기자회견과 Press Junket 통역을 맡았다. 아는 것만큼 보인다는 말이 있듯이 내가 많은 경험을 해 온 것, 느낀 것, 본 것을 나누고 싶다.

이 책의 기초는 모 일간지에 〈영화로 영어보기〉라는 칼럼을 연재하면서 만들어지기 시작했다. 영화의 대사나 장면 뒤에 숨어 있는 뜻, 그리고 영어를 알아도 파악되지 않는 시대상황적 배경 이야기를 풀어가는 것이 골자였다. 일간지 칼럼은 글 길이가 제한될 수밖에 없는데 이 책을 집필하면서 그 제약에서 자유로워졌다. 그래서 유익한 영어표현도 이리저리 풀어보았고, 그 안에 녹아 있는 흥미로운 문화사회적 코드와 역사적 배경도 추가하고, 이런저런 예와 뒷이야기도 포함할 수 있었다. 그리고 무엇보다 타성에 젖은 내 영혼을 흔들어 깨우고 감동을 주는 명대사를 소개하고 조명할 수 있어서 기뻤다.

탈고를 하며 나는 간절히 소망한다.

독자분들이 이 책의 명대사에서 공감을 즐기게 되기를…

이 책이 오지랖 넓은 재미있는 영화 이야기로 다가가기를…

그리고 전국민 스트레스 원인이 되다시피 한 영어와 쉽고 유익한 동맹을 맺기를…

또 문화·사회·역사적 배경 이야기와 흥미로운 조우가 이루어지기를…

이중 하나만 이루어지더라도 내게는 형언할 수 없는 커다란 보람과 기쁨이 될 것이다.

이 책이 나오기 까지 도움과 격려를 주신 모든 분들께 감사드린다.

그리고

Yesterday is history, tomorrow is a mystery,
but today is a gift. That's why it is called the present.

어제 일은 이미 지나간 일이고, 내일 일은 아무도 모르지.
허나 오늘은 선물이야. 그래서 프레젠트라 부르는 거지.

라는 〈쿵푸 팬더〉의 대사처럼 찬란한 오늘 하루에 또 깊이 감사드린다.

김태영

영화, 그리고 숨은 그림 찾기

영화는 그 사회를 반영한 거울이고 그 나라의 가장 생생한 언어를 담고 있는 사전이다. 다만 영화는 거울이나 사전처럼 있는 그대로 보여주지 않고 하나의 장면 속에 한 줄의 대사 속에 의미를 숨겨놓는다. 아는 사람만이 더 깊은 의미를 눈치 챌 수 있다. 그런 의미에서 이 책은 영화 속에 꼭꼭 숨겨져 있는 미국의 사회·문화·역사적 배경과 영어에 대한 지식을 함께 찾아가는 과정이다. 특히 Best Quotes, Great Words, Behind the Movies 등의 코너는 Dream, Justice, Hope, Stereotype, Love라는 5개의 주제에 담긴 15편의 영화 속에 숨겨진 그림을 찾아나가는 나침반이니 각 코너의 특징을 알고 이 책을 접한다면 더욱 재미있게 읽어나갈 수 있을 것이다.

Best Quotes 영화에서 엄선한 명대사의 향연
이 영화를 봤다면 이 정도의 대사는 잊지 말고 기억해줘야 진정한 할리우드 키드라 할 수 있다!

Scene 영화 속 명장면 엿보기
영화의 핵심 메시지가 담긴 명장면의 대사를 직접 읽으며 스크린에서 느꼈던 영화 속 감동과 재미를 다시 한 번 음미해보자!

Word Expression 명대사 속 생생한 영어 표현의 정수
영화 속 핵심 표현에 대한 독특한 뉘앙스와 활용법, 상세한 설명을 공부하며 영어에 대한 이해와 함께 영화에 대한 이해를 높인다!

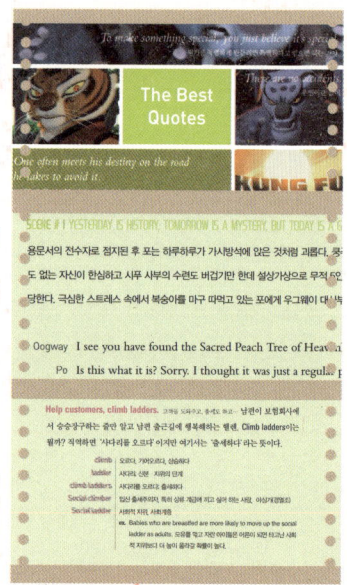

Great Words 영화 속 대사나 내용과 관련된 명언 소설, 연설문, 유명 인사의 명언까지, 지친 마음에 위로와 감동을 주고, 힘든 현실을 살아가는 데 지혜의 샘과 실천의 힘이 되는 한 줄의 글을 통해 삶의 지혜를 배운다!

Behind the Movies 다양한 미국 문화의 맛보기 문화를 알면 영화도 더 재미있게 볼 수 있는 법! 알고 보면 더 흥미진진한 미국의 사회·문화·역사적 배경이 한눈에 들어온다!

Director's Cut 영화보다 재미있는 비하인드 스토리 〈슈렉〉 속 캐릭터의 비밀, 〈슬럼독 밀리어네어〉의 성공 뒤에 가려진 그림자, 화려한 스크린 뒤에 감춰졌던 홍미만점 비하인드 스토리가 펼쳐진다!

Best Quotes 이 영화로는 부족하다! 더 많은 영화, 더 풍부한 명대사가 알고 싶다면 이 코너를 주목할 것!

Chapter 1

행복한 인생의 조건
DREAM

#1 쿵푸 팬더

#2 슈렉 2

#3 니모를 찾아서

KUNG FU PANDA

Yesterday is history, tomorrow is a mystery,
but today is a gift.
어제 일은 이미 지나간 과거이고, 내일 일은 아무도 모르지, 허나 오늘은 선물이야.

쿵푸 팬더

DREAM #1

코믹 스타 잭 블랙, 더스틴 호프만, 안젤리나 졸리 등 호화 성우진으로 화제를 모은 〈쿵푸 팬더〉. 성우진 중에는 한국계 재미교포도 있다. 그는 내공이 깊은 우그웨이 대사부의 목소리를 연기한 랜덜 덕 김으로, 〈매트릭스〉에서 키메이커로도 출연했다. 〈쿵푸 팬더〉는 철저한 사전 조사를 통해 쿵푸의 동작 하나하나를 재현해냈다. 영화의 중국 개봉 당시 중국의 디자이너 자오반디는 중국에서의 개봉을 반대하는 소송을 제기하기도 했는데, 그 주된 이유는 미국이 중국의 상징인 팬더의 이미지를 실추시켰고 상업화했다는 것도 있지만 팬더의 아버지로 오리가 등장하는 것을 받아들일 수 없기 때문이라 한다.

Yesterday is history, tomorrow is a mystery, but today is a gift.
That's why it is called the present.
어제 일은 이미 지나간 과거이고, 내일 일은 아무도 모르지. 허나 오늘은 선물이야.
그래서 프레젠트(선물)라 부르는 거지.

To make something special, you just believe it's special.
뭔가를 특별하게 만들려면 특별하다고 믿으면 되는 거야.

The Best Quotes

There are no accidents.
우연이란 없어.

One often meets his destiny on the road he takes to avoid it.
흔히들 닥치는 운명을 피해 보고자 택한 길에서 자신의 운명과 맞닥뜨리곤 하지.

There is no secret ingredient. It's just you.
비법 같은 건 없어.
중요한 건 너 자신이야.

Your mind is like this water.
When it is agitated, it becomes difficult to see.
But if you allowed it to settle,
the answer becomes clear.
정신은 물과 같다네. 동요하게 되면 잘 보이지 않지만
가라앉으면 잘 보이지.

STORYLINE

중국 traditional martial arts 전통 무술인 쿵푸와 쿵푸와는 전혀 어울리지 않는 외모의 팬더를 엮은 제목부터 흥미로운 이 영화는 웃음 속에 인생에 관한 철학적 의미가 담아냈다는 평을 받았다.

평화의 계곡에서 아버지의 국수가게를 돕고 있는 팬더 포. 아버지는 포에게 국수의 secret recipe 비법를 알려주어 가업을 잇게 하고 싶지만, 포의 관심사는 오로지 Kung Fu master 쿵푸 달인가 되는 것뿐. 어느날 어렵사리 쿵푸의 최고 비법이 담긴 dragon scroll 용문서의 전수자를 정하는 시합장을 찾은 포에게 기적이 일어난다. 우그웨이 대사부가 시푸 사부의 다섯 수제자인 무적의 5인방 중 한 명이 아닌, 쿵푸라고는 배워 본 적도 없는 포를 dragon scroll의 전수자로 점지한 것. 무적

의 5인방과 시푸 사부는 물론, 포 역시 이 상황이 어리둥절하기만 하다. 시푸 사부는 몸치인 포를 내치고 싶지만 우그웨이 대사부의 명을 거스르지 못하고 포의 수련을 시작한다. 하지만 절망스러워 보이던 수련 과정에 서광이 비추는데, 그것은 바로 포의 식탐. 시푸는 바로 그 식탐을 이용한 tailored training 맞춤 수련을 시작한다. 하지만 수련이 채 끝나기 전에 villain 악당 타이렁이 escape from prison 탈옥하다 해서 dragon scroll을 빼앗기 위해 오고 있다는 소식이 들린다. 이제 포는 최고의 무술 고수 타이렁과 대결해야 하는 상황에 이르는데…:

SCENE # 1 YESTERDAY IS HISTORY, TOMORROW IS A MYSTERY, BUT TODAY IS A GIFT

용문서의 전수자로 점지된 후 포는 하루하루가 가시방석에 앉은 것처럼 괴롭다. 쿵푸에는 전혀 소질도 없는 자신이 한심하고 시푸 사부의 수련도 버겁기만 한데 설상가상으로 무적 5인방에게 왕따까지 당한다. 극심한 스트레스 속에서 복숭아를 마구 따먹고 있는 포에게 우그웨이 대사부가 다가온다.

Oogway   I see you have found the Sacred Peach Tree of Heavenly Wisdom.

Po   Is this what it is? Sorry. I thought it was just a regular peach tree.

Oogway   I understand. You eat when you are upset.

Po   Upset? I'm not upset. What makes you think I'm upset?

Oogway   So why are you upset?

Po   I probably sucked more today than anyone in the history of Kung fu. In the history of China. In the history of sucking!

Oogway   Probably.

Po   And the Five! Man, you should have seen them! They totally hate me.

Oogway   Totally.

Po   How is Shifu ever going to turn me into the Dragon Warrior? I mean, I'm not like the Five. I've got no claws, no wings, no venom. Even Mantis has those... thingies. Maybe I should just quit and go back to making noodles.

Oogway   Quit, don't quit. Noodles, don't noodles. You are too concerned with what was and what will be. There's a saying. Yesterday is history, tomorrow is a mystery, but today is a gift. That's why it is called the present.

우그웨이 천상의 지혜를 주는 신성한 복숭아 나무를 찾아냈군.
포 이게 그런 거예요? 죄송해요. 전 그냥 보통 복숭아나무인 줄 알았어요.
우그웨이 이해하네. 자넨 심란하면 먹잖나.
포 심란하다구요? 아닌데요. 어째서 제가 심란해 한다고 생각하시죠?
우그웨이 그런데 왜 그리 심란해 하지?
포 아마도 오늘 저는 쿵푸 역사상 제일 엉망진창이었을 거예요. 중국 역사상 제일. 엉망진창의 역사상 가장 왕 엉망진창!
우그웨이 아마도 그렇겠지.
포 그리고 5인방 말예요! 한번 보셨어야 했어요! 저를 진짜로 싫어해요.
우그웨이 진짜 그렇지.
포 시푸 사부님이 어떻게 저를 용의 전사로 만들 수 있겠어요? 저는 5인방이 아네요. 날카로운 발톱도 없고, 날개도 없고, 뿜는 독도 없어요. 심지어 사마귀도 그 뭐더라… 이런 '거시기'가 있거든요. 어쩌면 전 그냥 다 포기하고 국수로 돌아가야 할까 봐요.
우그웨이 포기할까 말까, 국수를 만들까 말까. 자넨 지난 일과 앞으로 올 일에 너무 집착하고 있어. 이런 속담이 있지. 어제 일은 이미 지나간 과거이고, 내일 일은 아무도 모르지. 허나 오늘은 선물이야. 그래서 프레젠트(선물)라 부르는 거지.

sacred 신성한   **upset** 심란한, 화가 난   **claw** 동물의 날카로운 발톱이나 집게발, 장도리 끝의 못뽑이   **venom** (뱀 · 거미 따위의) 독   **thingies** thingy의 복수, 사물의 이름을 잊어버렸을 때 쓰는 말로 '거시기, 그 뭐더라' 정도의 의미   **quit** 그만두다, 포기하다   **noodle** 국수

I see you have found the Sacred Peach Tree of Heavenly Wisdom. 천상의 지혜를 주는 신성한 복숭아나무를 찾아냈군. 포의 따뜻한 마음씨와 potential가능성을 꿰뚫어 본 우그웨이 대사부는 심란해서 복숭아를 아구아구 먹고 있는 포에게 다가와 그를 cheer up격려하다한다. 그런데 그 복숭아나무는 이름도 복잡한 Sacred Peach Tree of Heavenly Wisdom, 즉 함부로 건드려서는 안 되는 천상의 지혜를 주는 신성한 나무란다. **I thought it was just a regular peach tree**전 그냥 보통 복숭아 나무인 줄 알았어요라며 당황하는 포를 **I understand. You eat when you are upset**이해하네. 자넨 심란하면 먹잖나라며 안심시킨다.

스트레스를 받아 아구아구 먹는 포의 모습은 낯설지 않다. 이런 **relations between stress and appetite**스트레스와 식욕의 관계를 보면 두 부류로 갈린다. **lose appetite**식욕이 없어지다해서 못 먹는 부류. 또 그 반대로 정신 없이 먹는 부류. 먹보 포는 당연히 **the latter**후자에 속한다. 포처럼 상처 받은 심정을 먹는 걸로 달래는 사람은 어떤 스트레스 해소용 음식을 먹을까? 영화를 보면 알 수 있다. 물론 고정관념이지만…. 우리나라에서는 엄청 스트레스를 받으면 양푼 바가지에 밥과 남은 반찬을 마구 비벼서 아구아구 먹는 장면이, 미국에서는 초콜릿, 아이스크림, 튀김 요리 등 평상시에는 자제하던 음식을 마구 먹어치우는 장면이 설정된다. 딱 떠오르는 영화는 〈Shrek 2슈렉 2〉의 악당 요정 대모가 엄청 스트레스를 받자 "튀긴 음식과 초콜릿으로 버무린 것 가져 와!"라고 소리지르는 대목.

Somebody bring me something deep fried and smothered in chocolate!
튀긴 음식과 초콜릿으로 버무린 것 가져 와!

I probably sucked more today than anyone in the history of Kung fu. 아마도 오늘 저는 쿵푸 역사상 제일 엉망진창이었을 거예요. 쿵푸의 달인이 되기를 항상 꿈꿨지만 쿵푸에는 전혀 소질이 없는 자신이 한심하기만 한 포는 gentle온화하다한 우그웨이에게 새카맣게 타들어가는 자신의 마음을 털어놓는다.

suck	(액체 등을) 빨다; (물, 공기 등을) 빨아들이다, 흡수하다. (속어) 엉망이 되다, 실패하다
suck one's finger	손가락을 빨다
	ex. He sucked the poison from[out of] a wound.
	그는 상처에서 독을 빨아냈다.

Suck이라는 이름도 드물지 않게 볼 수 있다. '석' 혹은 '숙'을 Suck으로 표기한 경우인데, That sucks라고 하면 '재수 없다, 정말 안 좋다'라는 뜻이니 '석'은 Seok으로, '숙'은 Sook이나 Suk으로 표기하는 게 낫다. '저 사람 이름이 Suck이래'라는 뒷담화의 주인공이 될 수 있기 때문. 이건 '범'도 마찬가지. 영어로 Bum은 '거지, 부랑자'란 뜻이니 Beom이라는 게 낫다. 참, 필자의 지인인 '한 범' 씨는 명함에 영문 이름을 멋있게 Tiger Hahn이라 박았다.

And the Five! Man, you should have seen them! They totally hate me. 그리고 5인방 말예요! 한번 보셨어야 했어요! 저를 진짜로 싫어해요. the Five는 시푸 사부의 제자인 무적 5인방을 말한다. 무술에 대해 관심이 있는 사람들은 눈치챘겠지만 무적 5인방 Tigress암 호랑이, Monkey원숭이, Viper독사, Crane학, Mantis 사마귀는 random pick아무렇게나 설정된 것이 아니라 쿵푸의 권법인 호권, 원숭이권, 사권, 학권, 당랑권을 각각 상징한다.

I've got no claws, no wings, no venom. Even Mantis has those... thingies. 저는 날카로운 발톱도 없고, 날개도 없고, 뿜을 독도 없어요. 심지어 사마귀도 그 뭐더라… 이런 '거시기'가 있거든요. 무적 5인방과 비교하면 할수록 포는 점점 초라해진다.

claw	(고양이, 매의) 갈고리 발톱, (게, 새우의) 집게발, 장도리 끝의 못뽑이
thingies	thingy의 복수. 사물의 이름을 잊었거나 모를 때 쓰는 말로 '그 뭐더라, 거시기' 정도의 의미

You are too concerned with what was and what will be. 자넨 지난 일과 앞으로 올 일에 너무 집착하고 있어. 좌절한 포에게 우그웨이 대사부가 건네는 인생의 깊이에서 우러나는 words of wisdom지혜의 말이다. what was and what will be는 간단히 과거와 미래 즉, past and future 라는 뜻인데 이렇게 말하니 더 멋지게 다가온다.

Yesterday is history, tomorrow is a mystery, but today is a gift. That's why it is called the present. 어제는 이미 지나간 과거의 일이고, 내일 일은 아무도 모르지. 허나 오늘은 선물이야. 그래서 프레젠트(선물)라 부르는 거지. **present**의 두 가지 뜻(선물, 현재)을 재치 있게 응용한 언어의 유희이다. 대체 이런 멋있는 말을 한 사람은 누굴까? 영화에서는 우그웨이 대사부이지만 원조는 미국의 역대 **first lady**영부인 중 가장 큰 영향력과 대중적 인기를 누렸던 엘리너 루스벨트 Eleanor Roosevelt이다.

history	역사, 사서; 한물 간, 중요하지 않은, 지나간
be history	한물 가다, 이제는 중요하지 않다
make history	역사에 남을 만한 일을 하다, 역사적 업적을 남기다
go down in history	역사에 남다
become history	역사가 되다[에 남다]

ex. He went down in history as a tyrant. 그는 폭군으로 역사에 남았다.
South Korea's figure skater Kim makes history. 대한민국의 피겨스케이터 김연아 선수가 역사에 남을 기록을 세웠다.
History remembers Eleanor Roosevelt as the most influential first lady. 역사는 엘리너 루스벨트를 가장 영향력 있는 영부인으로 기억한다.

Michael Jackson & History   BEHIND THE MOVIES

history라는 말을 들으면 the late Michael Jackson 故 마이클 잭슨이 떠오른다. 그 이유는 전 세계를 열광시켰던 그의 인기가 쇠퇴하기 시작한 turning point로 그의 앨범 〈HIStory〉를 꼽는 사람들이 많기 때문. 이 앨범 이후 마이클 잭슨은 과도한 성형 부작용, 두 번의 결혼과 이혼, 아동 성추행 소송 등 안 좋은 소식으로 뉴스를 장식했다. 당시에는 그의 앨범 제목을 빌어 Michael Jackson is history 마이클 잭슨은 한물 갔다라는 신문 기사가 실리기도 했다. 하지만 그가 고인이 된 지금에는 위의 제목이 '마이클 잭슨은 죽었다'라는 의미로도 해석이 가능하게 되었다. 그래도 분명한 사실 하나는 Michael Jackson made history 마이클 잭슨은 역사에 남을 대기록을 남겼다라는 것이다.

Eleanor Roosevelt는 미국 역사상 유일하게 4선에 성공한 프랭클린 루스벨트 대통령의 아내다.(이후 대통령직은 2선까지 할 수 있도록 헌법을 수정했다.) 탁월한 리더십으로 **The Great Depression**대공황이라는 위기를 극복해 낸 루스벨트 대통령이 펼친 사회적 약자를 위한 진보적 정책 대부분은 엘리너가 발안한 것이었다. 보통 영부인이 대중의 관심을 끄는 경우는 패션 감각이나 뛰어난 외모 등 **superficial**피상적 이유가 대부분이지만 엘리너는 평범한 얼굴과 기골이 장대한 체격에 패션 감각도 없었지만 소탈한 성격과 겸손하고 진솔한 인품으로 미국인들을 매료시켰다. 사회적 약자와 소외계층을 위해 적극적 활동을 펼쳤던 그녀에 대한 국민의 전폭적인 신뢰와 애정은 남편인 루스벨트 대통령의 사망 후에도 지속되었고, 엘리너는 노년에 유엔 미국대표United States Delegate to the United Nations General Assembly, 유엔 인권위원회 위원장President and Chair of the United Nations Commission on Human Right 등 공직을 맡아서 충실히 수행했다. 그녀는 죽는 날까지 **social reformer**사회운동가, **politician**정치가, **human rights activist**인권운동가로서 행보를 멈추지 않았다. 하지만 그녀의 활동을 눈엣가시처럼 여기던 일부 세력에 의해 암살 위협에 시달리기도 했다. 엘리너의 이야기가 나온 김에 그녀가 남긴 명언을 더 소개한다.

> **Great Words**
>
> No one can make you feel inferior without your consent.
> 당신의 허락 없이는 아무도 당신에게 열등감을 느끼게 할 수 없습니다.
> The future belongs to those who believe in the beauty of their dreams. 미래는 자신의 꿈이 아름답다고 믿는 사람들의 것입니다.
> _엘리너 루스벨트(Eleanor Roosevelt)

SCENE # 2 THERE ARE NO ACCIDENTS

전령이 타이렁이 탈옥했다는 최악의 소식을 가지고 돌아왔다. 충격에 휩싸인 시푸는 조용히 수련 중인 우그웨이 대사부를 찾는다.

Shifu   I have... It's... it's very bad news.

Oogway   Shifu... there is just news. There is no good or bad.

Shifu   Master, your vision. Your vision was right. Tai Lung has broken out of prison. He's on his way.

Oogway   That is bad news if you do not believe that the Dragon Warrior can stop him.

Shifu   The panda? Master, that panda is not the Dragon Warrior. He wasn't even meant to be here! It was an accident.

Oogway   There are no accidents.

Shifu   Yes, I know. You've said that already. Twice.

Oogway   Well, that was no accident, either.

Shifu   Thrice.

Oogway   My old friend, the panda will never fulfill his destiny, nor you yours, until you let go of the illusion of control.

Shifu   Illusion?

Oogway   Yes, look at this tree, Shifu. I cannot make it blossom when it suits me, nor make it bear fruit before its time.

Shifu   But there are things we can control. I can control when the fruit will fall. And I can control where to plant the seed. That is no illusion, Master.

Oogway Ah yes. But no matter what you do that seed will grow to be a peach tree. You may wish for an apple or an orange, but you will get a peach.

Shifu But a peach cannot defeat Tai Lung!

Oogway Maybe it can if you are willing to guide it, to nurture it. To believe in it.

시푸 아주 나쁜 소식이 있습니다.

우그웨이 시푸… 소식은 소식일 뿐, 좋고 나쁘고는 없다네.

시푸 대사부님의 선견지명이 적중했어요. 타이렁이 탈옥해서 이곳으로 오고 있습니다.

우그웨이 나쁜 소식이군. 그대가 용의 전사가 타이렁을 물리칠 수 없다고 믿는다면 말일세.

시푸 팬더 말씀입니까? 사부님, 그 팬더는 용의 전사가 아닙니다. 그 녀석은 여기에 있어서도 안 될 놈이지요! 그건 우연이었습니다.

우그웨이 우연이란 건 없다네.

시푸 압니다. 전에도 두 번씩이나 말씀하셨죠.

우그웨이 그 역시 우연은 아니야.

시푸 이번이 세 번째군요.

우그웨이 자네가 통제에 대한 환상을 버리지 않는 한 팬더나 자네나 자신에게 주어진 숙명을 완수할 수 없다네.

시푸 환상이라 하셨습니까?

우그웨이 그렇네, 이 나무를 보게, 시푸. 내 기분대로 아무 때나 꽃을 피게 하고, 제철도 아닌데 열매를 맺게 할 수 없어.

시푸 허나 통제할 수 있는 것도 있습니다. 열매가 언제 떨어질지 또 씨앗을 어디에 심을지는 통제할 수 있습니다. 사부님, 그건 환상이 아닙니다.

우그웨이 그렇지. 허나 어떤 수를 써도 복숭아씨는 자라면 복숭아나무가 되는 거야. 사과나 오렌지를 원해도 복숭아만 나지.

시푸 허나 복숭아가 타이렁을 제압할 순 없습니다!

우그웨이 제압할 수도 있지. 만약 자네가 이끌어 주고, 애정으로 가르치고 또 믿어 준다면.

vision 통찰력, 선견지명; 시력   **break out of prison** 탈옥하다   **thrice** 세 번   **fulfill** (의무, 조건 등을) 실행하다, 이행하다; (기원 등을) 실현시키다   **destiny** 운명   **let go of~** ~을 놓아주다   **illusion** 환영   **defeat** 물리치다   **be willing to~** 기꺼이 ~하다   **guide** 안내하다   **nurture** 기르다, 양육하다

There is just news. There is no good or bad. 소식은 소식일 뿐. 좋고 나쁘고는 없다네. **panting and puffing**헐레벌떡 찾아와 나쁜 소식이 있다고 안절부절하는 시푸 사부에게 우그웨이 대사부가 타이르는 말이다. 세상 일에 초월한 대사부다운 말인데, 시푸는 태평한 그가 답답할 뿐이다. 여하간 martial arts movie무술 영화 팬들은 금방 알아차렸을 것이다. Shifu는 '사부'의 중국식 발음이라는 걸. 그래서 Master Shifu는 곧 '사부 사부님'이란 말이 된다. '돼지 족발'이 '돼지 발발'인 것처럼.

Tai Lung has broken out of prison. He's on his way. 타이렁이 탈옥해서 이곳으로 오고 있습니다. 한때 시푸의 기대를 독차지하던 애제자였으나 자신을 dragon warrior로 선택하지 않은 것에 bear grudge앙심을 품다하고 용문서를 탈취하려다 감옥

에 갇힌 타이렁. 그가 용문서를 차지하기 위해 탈옥해서 오고 있다는 것이다.

on one's way	오고 있는 중이다
	ex. He's on his[the] way. 그는 이쪽으로 오는 중이다.
	그는 그쪽으로 가는 중이다.
in one's way	(=) block, 물리적으로 앞을 가로막다, 출세나 승진을 가로막다, 방해하다
	ex. Am I in your way? 제가 당신 앞을 막고 있나요? (Am I blocking you?와 비슷한 의미)
	We are in their way. 우리가 저들의 앞을 막고 있어요.

> **Great Words**
>
> What we can't do is drag our feet or allow the same partisan differences to get in our way.
> 우리는 꾸물거려서도 안 되고 이런 정당의 입장 차이가 우리의 앞길을 가로막도록 해서도 안 됩니다.
>
> _버락 오바마(Barack Obama)

He wasn't even meant to be here! It was an accident. 그 녀석은 여기에 있어서는 안 될 놈이지요! 그건 우연이었습니다. 포를 용의 전사로 인정할 수 없는 시푸가 우그웨이대사부에게 답답한 마음을 털어놓는다.

mean	~를 의미하다, ~예정[계획]하다, ~의 뜻으로 말하다; (사람 · 행위 등이) 비열한, 심술궂은, 짓궂은
	ex. What does this mean? 이게 무슨 의미야?
	I mean it. (농담이 아니고) 진심으로 하는 말이다.
	I meant it as a joke. 농담으로 한 말이야.
	They were meant for each other. 그들은 정말 잘 어울린다.
	I mean him no offense. 그를 불쾌하게 할 생각은 없다.
	What do you mean to do? 무엇을 할 작정입니까?
	He is so mean. 그는 정말 심술궂어.

There are no accidents. 우연이란 없어. 포에 대한 불신이 팽배한 시푸에게 우그웨이 대사부가 타이른다.

accident	사건, 사고; 우연; 용변의 실수, 요실금
	ex. She has accident sometimes. 그녀는 때때로 사고를 겪는다.
	그녀는 때때로 옷에 실수를 한다.
	I met Susan by accident this morning.
	오늘 아침에 우연히 수잔과 마주쳤어.
by accident or on purpose	고의든 우연이든
	ex. Did you take my bag by accident or on purpose?
	내 가방을 실수로 가져갔니 아니면 고의로 그랬니?

You've said that already. Twice. 전에도 두 번씩이나 말씀하셨죠. 라고 투덜거리는 시푸에게 우그웨이는 여전히 온화한 태도로 말한다. **Well, that was no accident, either** 그 역시 우연이 아니야. 이 대목에서 인과를 중요하게 여기는 우그웨이의 동양적 세계관을 엿볼 수 있다.

either	1. 부정문에 동의 **cf.** too 긍정문에 동의
	ex. I cannot play the guitar, either. 저도 기타를 못 칩니다.
	I can play the guitar, too. 저도 기타를 칠 수 있습니다.
	2. 둘 중의 어느 한쪽[하나], 두 가지 중 어느 쪽이든, 어느 경우에나
	ex. It's win-win either way. 어느 경우이든 서로 윈윈 입니다.
	Either will do. 어느 쪽이든 좋습니다.
	You may sit at either end of the table.
	테이블의 양쪽 끝 어디든 앉으세요.
	There's tea and coffee. You can have either or both.
	홍차나 커피가 있습니다. 둘 중 원하시는 것 혹은 둘 다 드세요.
	I don't like either of them. 그 둘 중 어느 쪽도 마음에 들지 않아.
either A or B	A 아니면 B
	ex. It's either take it or leave it.
	이걸 받아들이든지 아니면 떠나라는 겁니다.

> There is nothing <u>either good or bad</u>, but thinking makes it so.
> 세상에 좋고 나쁜 것은 없다. 자신의 생각이 그렇게 만들 뿐이다.
> _월리엄 셰익스피어(William Shakesphere)

Great Words

My old friend, the panda will never fulfill his destiny, nor you yours, until you let go of the illusion of control. 자네가 통제에 대한 환상을 버리지 않는 한 팬더나 자네나 자신에게 주어진 숙명을 완수할 수 없다네. 우그웨이가 다시 시푸에게 조언을 한다. 이에 시푸는 **Illusion?** 환상이라고 하셨습니까?이라 반박한다.

illusion	환상, 착각, 환각, 환영, 잘못 생각함
optical illusion	착시
be under an illusion	착각[잘못 생각]하다
create illusion	환상을 일으키다
	ex. Such contents of dramas and movies can create illusions in people's minds. 드라마의 그런 내용들은 사람들의 마음속에 환상을 만든다. We have no illusions on that subject. 우리는 그것에 대해서 환상을 가지고 있지 않습니다.
back Illusion	리듬체조에서 쓰는 전문용어. 한쪽 다리를 축으로 하고 다른 다리를 380도 수직으로 원을 그리는 고난이도 기술. 우리나라 신수지 선수의 장기
	ex. Soo-ji Shin is one of the most talented rhythmic gymnasts of her generation and the only one on the planet capable of performing nine consecutive back illusions. 신수지는 또래 가운데 가장 재능 있는 선수 중 한 명이자 지구에서 9회 연속 백일루전을 할 수 있는 유일한 선수이다. (가디언지 기사)

No matter what you do that seed will grow to be a peach tree. You may wish for an apple or an orange, but you will get a peach. 어떤 수를 써도 복숭아씨는 자라면 복숭아나무가 되는 거야. 사과나 오렌지를 원해도 복숭아만 나지. 우그웨이 대사부의 말은 얼핏 들으면 **fatalism**숙명론처럼 들릴 수 있다. 그러나 그의 말은 **fatalistic view**숙명론적 시각를 논하는 게 아니라 아무리 발버둥을 쳐도 복숭아씨가 다른 과일의 씨가 될 수 없는 것처럼 세상에 우연한 결과는 없다는 것이다. 말하자면 포가 **dragon warrior**로 지목된 것은 포의 쿵푸에 대한 뜨거운 열망과 의지가 원인이 된 것이고, 반면에 시푸가 고백한 것처럼 누구보다 뛰어난 제자였던 타이렁이 비뚤어진 것도 시푸의 애제자를 향한 사랑이 지나쳐서 제대로 **discipline**훈육하다하지 못했기 때문이다. 이처럼 우그웨이 대사부는 누구도 **the relation between cause and effect**인과관계에서 자유로울 수 없음을 말하고 있다.

우그웨이 대사부의 말이 맞다. 지금 나의 상황은 과거 나의 행동과 내가 쌓아온 것들의 결과물이다. 꿈 속이나 영화에서처럼 타임머신을 타고 과거에 내가 내린 잘못된 결정이나 선택들을 바꿀 수 있다면 얼마나 좋을까? 마음에 들지 않는 현재의 내 모습은 누구의 탓일까? 물론 아동학대나 가정폭력의 피해자들처럼 **beyond one's control**불가항력적인 경우도 있을 것이다. 하지만 이런 상황을 제외하고는 현재의 모습은 과거에 뿌린 씨앗의 결과일 뿐이다. 과거는 바꿀 수 없지만 미래를 위한 좋은 씨앗을 뿌릴 수는 있다. 바로 오늘…. 《기도의 능력》이라는 책에서 나의 마음을 세차게 두드린 대목을 소개한다.

> Our future is determined by what seeds we sow today. Therefore, we should live every moment as if we are sowing seeds for a future harvest.
> 우리의 미래는 오늘 우리가 뿌리고 있는 씨앗에 의해 결정됩니다. 그런 면에서 우리는 한 순간 한 순간을 장차 거두게 될 씨앗을 심는 마음으로 살아야 합니다.

>>> Great Words

THE BEST QUOTES

〈Forbidden Kingdom 포비든 킹덤〉

I am not teaching you anything.
I just help you to explore yourself.

나는 아무것도 가르치지 않는다. 다만 자신을 찾는 것을 도와줄 뿐이다.

_이소룡(Bruce Lee)

〈Kung Fu Panda 쿵푸 팬더〉에서 자신의 무능력을 한탄하던 포와 그런 그를 한심하게 여기고 불신하던 시푸 사부도 결국 쿵푸의 최고 비법은 따로 있는 것이 아니라 바로 자신을 발견하는 것에 있음을 깨닫는 것처럼 이소룡의 말도 쿵푸의 정수는 현란한 기술을 배우는 데 있는 것이 아니라 자기 안에 있는 능력을 깨닫는 것임을 말해 준다.

쿵푸에 대한 철학적 대사로 눈길을 끈 대표적인 영화 중 하나가 〈Forbidden Kingdom 포비든 킹덤〉이다. 아시아를 대표하는 두 액션 배우인 성룡과 이연걸의 출연으로 관심을 모았던 이 영화는 평범한 미국 소년 제이슨이 차이나타운의 pawnshop 전당포에서 발견한 황금색 봉에 이끌려 미지의 세계인 금지된 왕국으로 들어가면서 시작되는 모험을 그린 판타지 영화이다. 그곳에서 제이슨은 쿵푸의 절대 고수 루얀(성룡 분)과 조용한 스님 란(이연걸 분)을 만나 500년 간 봉인되어 온 '손오공'을 깨우기 위해 목숨을 건 위험한 여정을 떠난다.

〈Kung Fu Panda 쿵푸 팬더〉를 포함한 대부분의 쿵푸 영화가 그렇듯이 이 영화 역시 쿵푸에 대한 열정을 품고 있는 초보자가 쿵푸 고수에게 집중 수련을 받으면서 악의 세력과 맞서 싸워 결국 승리한다는 스토리 라인을 그대로 따르고 있다. 이 영화에서는 쿵푸를 이렇게 정의한다.

A musician can have kung fu, or the poet who paints pictures with words and makes emperors weep, this too, is kung fu...
Learn it all, then forget it all. Learn the way, then find your own way... the true master dwells within. Only you can free him.

음악가의 음악도 쿵푸고, 시인이 말로 그림을 그려 황제를 울리는 것도 쿵푸다.
… 모든 걸 배우고 그리고 모든 걸 잊어라. 길을 배우고 그리고 스스로의 길을 찾아라.
… 네 안에 진정한 고수가 잠들어 있고 너만이 그를 깨울 수 있다.
_〈Forbidden Kingdom 포비든 킹덤〉

무엇을 하든 자신 안에 잠들어 있는 고수를 깨워 자신의 분야에서 달인의 경지에 오르는 것, 그것이 바로 쿵푸이고 쿵푸의 정신이라고 말하고 있다.

Shrek 2

You can't force someone to fall in love.
강제로 사랑에 빠지게 할 수 는 없어요.

슈렉 2

기존 동화에 대한 통념을 유쾌하게 뒤집은 〈슈렉〉이 공전의 히트를 기록하면서 제작된 〈슈렉2〉는 우여곡절 끝에 맺어진 슈렉과 피오나 공주가 신혼여행에서 돌아오면서 이야기가 시작된다. 〈슈렉〉에 이어 기존 동화에 등장하는 전형적인 인물들을 완전히 새로운 캐릭터로 탈바꿈시킨 이 영화에서 신선한 바람을 불러온 캐릭터는 바로 장화 신은 고양이. 에스파냐 출신의 터프가이 안토니오 반데라스가 에스파냐 악센트가 진하게 섞인 영어로 느끼하고 매력적인 느낌을 잘 살렸다.

*The potion changed a lot of things, Fiona.
But not the way I feel about you.*

물약이 많은 것을 바꿔 놓았어, 피오나. 하지만 당신에 대한 사랑은 그대로야.

Today, I repay my debt.

오늘, 나 빚을 갚는다.

The Best Quotes

People change for the ones they love.

누구나 사랑하는 사람을 위해 달라진단다.

You never get a second chance at a first impression.

첫인상에는 두번째 기회가 없지요.

Use your imagination.

상상력을 동원해 보세요.

If you really love her, let her go.

만약 진실로 그녀를 사랑한다면 그녀를 놓아줘.

STORYLINE

재기발랄한 상상력으로 기존 동화에 대한 고정관념을 통쾌하게 뒤집은 〈슈렉〉. 그 유쾌한 상상력은 속편인 〈슈렉2〉의 내용과 인물들 속에서 한층 더 업그레이드 되어 재미와 감동을 선사한다.

달콤한 신혼여행에서 돌아온 슈렉과 피오나는 '겁나먼' 왕국의 왕과 왕비인 피오나의 부모님으로부터 초대를 받는다. 걱정 반 기대 반으로 찾아간 왕국에는 모든 시민들이 기대에 부풀어 피오나 공주 부부를 기다리고 있다. 그러나 슈렉과 피오나가 모습을 드러내는 순간 시민들은 기겁을 한다. 그도 그럴 것이, 이렇게 뚱뚱하고 못생긴 괴물 공주님 부부는 처음 봤기 때문이다. 피오나의 아버지 해롤드 왕 역시 피오나가 Charming이라는 잘생긴 약혼자까지 저버리고 선택한 괴물 사위가 마음에 들 리 없다. 더군다나 Fairy Godmother요정대모는 자기 아들인 Charming과 피오나 공주를 결혼시켜 왕권을 장악하려고 해롤드 왕에게 협박까지 서슴지 않는다. 궁지에 몰린 해롤드 왕은 hired assassin살인청부업자인 Puss in Boots장화 신은 고양이에게 슈렉의 암살을 의뢰한다. 운명적으로 만난 슈렉과 Puss in Boots. 이 암살자에게서 해롤드 왕의 음모를 듣고 충격을 받은 슈렉은 어떻게든 사랑하는 피오나 공주에게 어울리는 남편이 되려 한다. 궁여지책으로 '해피엔딩 전문'이라는 명함을 보고 Fairy Godmother가 운영하는 마법의 약 제조 공장까지 찾아가지만 Fairy Godmother는 solution해결책을 알려주기는커녕 온갖 fairy tales동화들를 들먹이면서 공주가 행복해지려면 괴물만 없으면 된다고 슈렉의 가슴에 대못을 박는다. 과연 슈렉과 피오나는 이 모든 장애물을 극복하고 해피엔딩을 맞을 수 있을까?

SCENE # 1 WE MADE A DEAL

수단과 방법을 가리지 않고 자신의 아들 Charming과 피오나 공주를 결혼시켜 권력을 장악하려는 Fairy Godmother. 깊은 밤에 몰래 해롤드 왕을 찾아와 협박을 서슴지 않는데….

Fairy Godmother	We made a deal, Harold. And I assume you don't want me to go back on my part.
King Harold	Indeed not. (한숨 쉬며)
Fairy Godmother	So, Fiona and Charming will be together.
King Harold	Yes.
Fairy Godmother	Believe me, Harold. It's what's best. Not only for your daughter… but for your kingdom.
King Harold	What am I supposed to do about it?
Fairy Godmother	Use your imagination.

요정대모 우린 거래를 했어요, 해롤드. 내 쪽에서 거래를 깨기를 바라시는 건 아닐 텐데요.
왕 그래요. (한숨 쉬며)
요정대모 그럼 피오나와 차밍이 맺어지는 거네요.
왕 그렇소.
요정대모 해롤드, 내 말 믿어요. 그게 최선의 방법이에요. 당신 딸뿐 아니라… 당신의 왕국을 위해서도.
왕 날더러 어떡하란 말이오?
요정대모 상상력을 동원해 보세요.

make a deal 거래를 하다 **assume** 가정하다 **be supposed to do** ~하기로 되어 있다, ~할 의무가 있다.

We made a deal, Harold. And I assume you don't want me to go back on my part.

우린 거래를 했어요, 해롤드. 내 쪽에서 거래를 깨기를 바라시는 건 아닐 텐데. 늦은 밤, 은밀하게 해롤드 왕을 불러내서 협박하는 Fairy Godmother요정대모. 한 나라의 국왕이 Fairy Godmother 앞에서 이렇게 쩔쩔매는 이유가 뭘까? 나중에 밝혀지지만 과거에 두 사람 사이에 오고간 deal거래 때문이다. 그녀는 왕의 약점을 잡고 차밍과 피오나를 결혼시키려 수단과 방법을 가리지 않는다.

go back on~	(약속 등을) 취소하다; 철회하다; (남을) 배반하다, 속이다
go back on one's word [promise]	약속을 어기다, 약속을 지키지 않다 ex. He is a man who always goes back on his word. 그는 항상 약속을 어기는 사람이다.
on one's part	~으로서는, ~쪽에서는 ex. There is no objection on my part. 나로서는 이의가 없다.

So, Fiona and Charming will be together.

그럼 피오나와 차밍이 맺어지는 거네요. Fairy Godmother는 해롤드 왕이 협박에 굴하자 그제서야 만족해 한다. 그런데 문제는 피오나가 잘생긴 Charming에게 관심을 보이지 않는다는 것. 그녀의 눈에는 못생긴 슈렉이 가장 멋지게 보일 뿐이다. Beauty is in the eye of the beholder제 눈에 안경이다라는 말이 있듯이 말이다.

| be together | 주로 그냥 '같이 있다'라는 의미로 쓰이지만 경우에 따라 이 장면에서처럼 '맺어지다'라는 뜻으로도 쓰인다. |

It's what's best. Not only for your daughter... but for your kingdom. 그게 최선의 방법이에요. 당신 딸뿐 아니라… 당신의 왕국을 위해서도. **carrot and stick** 당근과 채찍을 골고루 사용하는 **Fairy Godmother**. 거래를 깨겠다며 협박을 하더니 이제 **Charming**과 피오나를 결혼시키는 것이 왕국과 피오나 공주를 위한 최선의 길이라며 회유한다.

not only A but (also) B	A뿐만 아니라 B도
B as well as A	A에 더하여 B도

> **Great Words**
>
> The great society asks <u>not only</u> how much, <u>but</u> how good; <u>not only</u> how to create wealth, <u>but</u> how to use it; <u>not only</u> how fast we are going, <u>but</u> where we are headed.
> 위대한 사회는 양뿐 아니라 질에 관심을 가지고, 부를 창조하는 방법뿐 아니라 그것을 사용하는 방법에 관심을 가지며, 전진하는 속도뿐 아니라 그 방향에 관심을 갖는 것이다.
>
> _린든 존슨(Lyndon Baines Johnson)

What am I supposed to do about it? 날더러 어떡하란 말이오? 라고 되묻는 해롤드 왕. 협박을 통해 결혼을 성사시키려는 **Fairy Godmother**와 슈렉을 사랑하는 피오나 사이에서 **be in a dilemma** 진퇴양난에 빠지다 한 그에게 **Fairy Godmother**는 쌀쌀맞게 대꾸한다. **Use your imagination** 상상력을 동원해 보세요 라고.

왠지 낯익은 이 캐릭터들!

Prince Charming

피오나 공주의 정혼자였던 Charming. 만약 피오나와 결혼하면 Prince 라는 칭호를 받게 되어 Prince Charming이 되는데, 그 이름이 의미심장하다. 〈Snow White 백설공주〉, 〈Sleeping Beauty 잠자는 숲 속의 공주〉, 〈Cinderella 신데렐라〉를 비롯한 여러 동화에 등장해서 어려움에 빠진 여주인공을 구해 주는 동화 속 완벽한 왕자님의 이름이 다름 아닌 Prince Charming이기 때문. 우리나라 말로 하면 바로 '백마 탄 왕자님'. 즉 여성들이 그토록 염원하는 모든 조건을 완벽하게 갖춘 이상적인 남자를 뜻한다. 물론 이 영화에서는 패러디이지만.

이와 관련해서 〈The Devil Wears Prada 악마는 프라다를 입는다〉로 유명해진 앤 헤서웨이에 대한 흥미로운 기사가 있다. 제목은 다름 아닌 〈Anne Hathaway Believes Her Prince Charming Is Out There (앤 헤서웨이는 자신을 사랑할 백마 탄 왕자님이 어딘가에 있다고 믿는다)〉. 같은 의미로 Mr. Right이라는 표현도 있다. 여기서 right는 '딱 맞는, 적당한'의 의미로, 여성들이 찾고자 하는 이상형의 남자를 가리킨다. 참고로 남자들이 바라는 이상형의 여자는 Miss Right이다.

Puss in Boots

〈슈렉〉의 인기를 업고 제작된 속편 〈슈렉 2〉의 새로운 등장인물 Puss in Boots는 원래 프랑스 작가 샤를 페로가 유럽 민담을 모아 만든 동화집 속의 주인공이다. 1697년에 출판된 이 동화집의 제목은 〈옛날 그리고 짤막한 이야기〉로, 이 책 안에는 우리에게 잘 알려진 〈Red Riding Hood 빨간 모자〉, 〈Sleeping Beauty 잠자는 숲 속의 공주〉, 〈Puss in Boots 장화 신은 고양이〉 등이 실려 있다.

SCENE # 2 JOIN THE CLUB

해롤드 왕의 의뢰를 받고 슈렉을 죽이려는 Puss in Boots. 하지만 배 속에서 치밀어 오르는 hairball 때문에 제대로 싸워 보지도 못한다. 슈렉은 자신을 죽이려 한 Puss in Boots 용서하고 보내 주는데….

Puss in Boots   Stop, ogre! I have misjudged you.

Shrek   Join the club. We've got jackets.

Puss in Boots   On my honor, I'm obliged to accompany you until I have saved your life as you have spared me mine.

Donkey   I'm sorry. The position of annoying talking animal has already been taken.

Donkey   Let's go, Shrek. Shrek?

Shrek   Aw, come on, Donkey. Look at him... in his wee little boots. You know, how many cats can wear boots? Honestly. Let's keep him!

장화 신은 고양이 잠깐, 괴물! 내가 당신을 잘못 봤소.
슈렉 어디 너뿐이냐. 날 잘못 본 작자들이 한 트럭은 될 거야.
장화 신은 고양이 나의 명예를 걸고, 당신이 내 목숨을 살려준 것처럼 나 역시 당신의 목숨을 구하는 그 날까지 동행해야 할 의무가 있소.
동키 미안하지만, 성가신 떠버리 동물 자리는 다 찼거든.
동키 가자, 슈렉! 슈렉?
슈렉 오~동키야. 좀 봐 봐, 쬐그만한 부츠 신고 있는 거. 이런 부츠를 신을 수 있는 고양이가 몇 마리나 되겠어? 같이 데려가자!

ogre 괴물 misjudge 오해하다, 잘못 판단하다 on my honor 나의 명예를 걸고 be obliged to ~할 의무가 있다 accompany 동행하다 save one's life ~의 생명을 구하다 annoy 짜증나게 하다

I have misjudged you.내가 당신을 잘못 봤소.라고 Puss in Boots는 떠나는 슈렉의 등 뒤에 대고 소리친다. 괘씸한 고양이를 당장 **castrate**거세하다하자는 당나귀 동키의 종용에도 불구하고 자신을 용서해 주는 슈렉의 **magnanimity**관대함에 반해서 그를 따르기로 결심한 것.

> **castrate** 거세하다 *cf.* castrato 카스트라토
>
> **castrato** 카스트라토. 높은 음역을 유지하기 위해 사춘기 이전에 거세한 남성 성악가. 가장 유명한 카스트라토는 영화 〈파리넬리〉의 주인공인 파리넬리다.

Join the Club.이라고 고양이에게 대답하는 슈렉. 직역을 하면 '클럽에 가입하라'인데 이 말은 (너처럼 외모만 보고) 나를 **misjudge**하는 그런 사람들이 한둘이 아니라 많다 는 뜻이다. 그리곤 **We've got jackets**라고 덧붙이는데 "클럽 회원 전용 재킷도 있으니 이 참에 가입하시지"라는 농담조의 말이다.

여기서 '클럽 회원 전용 재킷'은 PGA 4대 메이저 대회 중 하나인 **The Masters Tournament**매스터스 대회와 연결해 볼 수 있다. 이 대회가 개최되는 곳은 문턱이 높기로 악명 높은 **Augusta National Golf Club**오거스타 내셔널 골프 클럽. 이곳 회원의 공식 복장이 **Green Jacket**으로, **The Masters Tournament**의 우승자는 상징적인 의미에서 **Green Jacket**을 입으며, 이 골프 클럽의 **honorary member**명예회원 자격을 준다는 의미에서 1년 동안만 이 **Green Jacket**을 소지할 수 있다.

> **Join the club.** welcome to the club이라고도 함. '이쪽도 마찬가지다, 그런 일이 당신한테만 일어난 게 아니다' 라는 뜻의 관용어. 흔히 (실패를 겪은) 상대를 위로하며 건네는 말

I'm obliged to accompany you... 내게는 당신과 동행해 할 의무가 있소… **magnanimous** 마음 넓은한 슈렉에게 감동받은 **Puss in Boots**는 그를 대장으로 섬기겠다는 결의를 밝힌다. **until I have saved your life as you have spared me mine** 내 목숨을 살려준 것처럼 당신의 생명을 구할 때까지. 그것도 **on my honor** 나의 명예를 걸고. 이 고양이는 에스파냐 악센트가 섞여 있기는 하지만 **Black English**의 진수를 보여주는 동키와 달리 과거 귀족사회에서 쓰였을 법한 우아한 어휘와 정확한 문법의 영어를 구사한다.

Augusta National Golf Club

The Masters Tournament가 개최되는 Augusta National Golf Club은 콧대가 높기로 유명한 곳이다. 배타적 회원제로 운영되는 이곳의 회원은 거의 다 백인에 거부이거나 유명한 정치가로, 기존 회원의 추천을 받아야만 이 골프 클럽의 회원 가입이 가능하다. 빌 클린턴 전 대통령도 가입을 희망했지만 퇴짜를 맞았다고 하는데, 그 이유는 회원으로 가입하겠다고 공개적으로 떠들고 다녔기 때문이라고 한다. The Masters Tournament의 우승자는 1년 동안만 회원들의 공식 재킷인 Green Jacket을 소지할 수 있는 특권이 부여되고 1년이 지난 후에는 재킷을 반환하고 클럽 방문 시에만 입을 수 있다. 1961년 우승자인 게리 플레이어는 이 재킷이 얼마나 좋았던지 꾸준한 반환 요청에도 불구하고 아직 재킷을 돌려주 않은 유일한 사람이라고 한다.

The position of annoying talking animal has already been taken. 성가신 떠버리 동물 자리는 다 찼거든. 이 만만찮은 고양이가 자기와 슈렉 사이에 끼어드는 게 탐탁치 않은 동키가 고양이를 떼어 놓으려 하는 말이다. annoying talking animal은 동키 자신을 뜻한다. 애니메이션에는 으레 주인공을 따라다니는 떠버리 캐릭터가 나오게 마련인데, 그런 역할은 자기 혼자로 충분하다는 의미다.

position of ~	~의 자리, ~의 직책
is taken	임자가 있다
	ex. She is taken. 저 여자는 임자가 있어요.(남편이나 애인이 있다는 뜻)
	Is he taken? 저 남자 애인(부인) 있나요?
	Is this seat taken? 이 자리에 사람이 있나요?
the position of~ is taken.	~의 자리는 찼다

Is this seat taken? 이 자리에 사람이 있나요? 미국 영화관에서 자주 듣는 말이다. 우리나라와 달리 미국 영화관은 지정좌석제가 아니다. 영화표를 일찍 구입한다고 해서 좋은 좌석을 차지하는 것이 아니라 표는 늦게 구입했더라도 영화관에 들어가 먼저 좋은 자리에 앉으면 된다. 그러다 보니 인기가 높은 영화를 상영하는 영화관 앞에서는 관객들이 줄 서 기다리는 모습을 쉽게 볼 수 있다. 그렇게 줄을 서서 기다리다가 극장 문이 열리자마자 들어가서 원하는 자리를 찾아 앉는 것. 그러니 **Is this seat taken?**이라고 물어보며 빈 자리를 찾는 수밖에. 초대박 영화의 경우 좋은 자리를 잡기 위해 일행 중 한 명이 재빠르게 먼저 들어가 여러 좌석에 옷을 뿌려 놓고 자리를 잡는 진풍경까지도 볼 수 있다. 그런 곳에서 영화를 보다 보면 **first come, first served** 선착순로 좋은 지정 좌석에 앉을 수 있는 우리나라의 영화관이 그리워진다.

Look at him... in his wee little boots. 좀 봐 봐. 쬐그만한 부츠 신고 있는 거. 슈렉은 모자를 쓰고 부츠까지 챙겨 신은 고양이가 귀엽기만 하다. 허나 동키는 슈렉의 우정을 독차지하고 싶어서 **rival**경쟁자을 원치 않는다. 그런 동키의 마음과 방해 작전에도 불구하고 슈렉은 **Puss in Boots**를 **Let's keep him**같이 데려가자라고 결론을 내려 버린다.

wee | 1. (=) little; very small 아주 작은, 조그마한
2. (구어체 · 유아어) 쉬(소변)하다; 쉬(명사)
3. (구어체) 시각이 몹시 이른
ex. He said he wanted to wee. 아기는 '쉬'하고 싶다 했다.
He called me in the wee hours of the morning.
그는 이른 아침 시각에 전화했다.

그래서 '위' 씨 성을 영어로 표기할 때는 **We**우리나 **Wee**쬐그만, 쉬야보다는 골프 선수 위성미처럼 **(Michelle) Wie**라고 표기하는 게 좋은 선택 같다.

On my honor,
I'm obliged to accompany you
until I have saved your life
as you have spared me mine.

나의 명예를 걸고, 당신이 내 목숨을 살려준 것처럼
나 역시 당신의 목숨을 구하는 그 날까지
동행해야 할 의무가 있소.

SCENE # 3 MONTE CRISTO

해롤드 왕이 자신을 암살하려 한다는 것을 알게 된 슈렉은 고민 끝에 Fairy Godmother의 마술 물약 공장에서 Happily Ever After potion을 훔쳐 마시기로 결정한다. 그러기 위해 슈렉, 동키, 그리고 고양이는 요정대모의 공장에 잠입하여 그녀에게 불만이 많은 비서 제롬에게 접근한다.

Fairy   Jerome, coffee and a Monte Cristo, now! (인터콤으로 요정대모가 명령한다.)
Jerome   Yes, Fairy Godmother. Right away.
Jerome   Look, she's not seeing any clients today, OK? (슈렉 일행에게)
Shrek   That's OK, buddy. We are from the union.
Jerome   The union?
Shrek   We represent the workers in all magical industries, both evil and benign.

Jerome   Oh! Oh, right.
Shrek   Are you feeling at all degraded or oppressed?
Jerome   A little. We don't even have dental.

client 고객   **represent** 대표하다   **evil** 악   **benign** 인자한, 친절한, 양성의   **oppressed** 억압받은

요정 대모 제롬, 커피하고 몬테 크리스토 대령해. 당장! (인터콤으로 요정대모가 명령한다.)

제롬 네, 요정대모님. 곧 대령하겠습니다.

제롬 오늘은 고객 상담 안 하신다고 했거든요. (슈렉 일행에게)

슈렉 괜찮아요. 우리는 노조에서 왔어요.

제롬 노조라고요?

슈렉 사악한 측과 선량한 측을 다 포함해 전체 마법업계를 대표하는 노조지요.

제롬 아, 그래요.

슈렉 직장에서 모욕감이라던가 혹은 억압감을 느끼시나요?

제롬 조금은요. 여기는 치과 보험도 안 들어 줘요.

Coffee and a Monte Cristo, now! 커피하고 몬테 크리스토 대령해. 당장! Fairy Godmother가 찢어지는 목소리로 비서 제롬에게 명령한다. Monte Cristo라고 하면 알렉상드르 뒤마의 유명한 소설 《The Count of Monte Cristo 몬테 크리스토 백작》이 떠오르지만 Fairy Godmother가 원하는 것은 치즈, 햄 등을 넣어서 튀긴 Monte Cristo라는 튀김 샌드위치다. 만드는 사람마다 조금씩 다르긴 하지만 대충 오른쪽 사진처럼 생겼다. 칼로리가 높은 튀김 샌드위치를 먹고 싶다는 걸 보면 Fairy Godmother가 뭔가 일이 잘 안 풀려 짜증이 난 상태라 추정해 볼 수 있다. 그리고 또 Monte Cristo는 이탈리아 투스칸 군도에 있는 섬의 이름이기도 하고, 쿠바의 cigar시가 회사 이름이기도 하다.

Look, she's not seeing any clients today. 오늘은 고객 상담 안 하신다고 했거든요. 성격 괴팍한 Fairy Godmother 밑에서 일하느라 짜증이 날 대로 난 제롬이 야멸찬 목소리로 문전박대하려 하자 슈렉은 경계심을 누그러뜨리려고 말을 둘러댄다.

That's OK, buddy. We are from the union. 우리는 노조에서 왔어요. 노조에서 왔다고 허풍을 떠는 슈렉과 일행들. **buddy**는 구어로 '동료, 친구, 여보게' 등의 뜻이 있다. 참고로 두 등장인물 간의 우정을 그린 영화를 **buddy movie**라 한다.

union	노동조합. labor union의 줄인 말. 영국에서는 trade union이라 한다. 참고로 1991년 해체된 소련의 이름에도 union이 들어간다. the Union of Soviet Socialist Republics인데, 줄여서 the Soviet Union이나 USSR이라 불렀다.
teachers' union	교원 노조 **credit union** 신용 조합
	ex. The union leaders appealed for workers' solidarity.
	노조 지도자들은 노동자들의 결속을 호소했다.

We represent the workers in all magical industries, both evil and benign.
사악한 측과 선량한 측을 다 포함해 전체 마법업계를 대표하는 노조지요. 라고 슈렉이 거짓으로 허풍을 떤다.

industry	산업, 업계; 제조업
	IT industry IT 업계 **movie industry** 영화업계
	auto industry 자동차업계 **textile industry** 섬유업계
	shipbuilding industry 조선업계. **growth industry** 성장산업
	high-tech industry 첨단기술산업 **service industry** 서비스업
	labor-intensive industry 노동집약산업
benign	친절한, 온화한; 양성의
benign smile	상냥한 미소 **benign neglect** 선의의 방관[무시]
benign tumor	양성 종양 ↔ malignant tumor 악성종양
mal~	(접두사) 나쁜, 부정적
malignant	해로운, 악성의 **malnutrition** 영양실조
maltreat	학대하다 **malfunction** 오작동
malpractice	직무상 과실 **maladjustment** 조절 불량, 부적응, 부조화

We don't even have dental. 우리는 치과 보험도 없어요.라고 하소연하는 비서 제롬. **Fairy Godmother**는 전통적으로 선한 요정과는 달리 **evil**사악한하다. 그런 사람 밑에서 일하는 제롬이 불만이 없을 리 없는데 노조에서 나왔다는 슈렉의 말을 믿고 보험도 안 들어 준다며 투덜거린다. **dental**은 **dental insurance**치과 보험를 줄인 말. 미국은 우리나라같이 전 국민을 대상으로 하는 포괄적인 국민보험제도가 없다. 좋은 직장에서는 보험을 들어 주지만 보험 혜택이 없는 직장이 계속 늘고 있는 상황이다. 세계 최강국 미국의 혹독한 의료제도에 대해서는 〈**Sicko**식코〉를 통해 더 살펴보기로 하자.

evil이라고 하면 떠오르는 인물이 있으니, 바로 미국의 제43대 대통령 조지 부시이다. 2002년 발표한 **State of the Union Address**연두교서에서 부시는 **weapons of mass destruction**대량살상무기를 비축하고 **sponsor terrorism**테러를 지원하다하는 **axis of evil**악의 축 국가로 이라크, 이란, 북한을 지목했다. 그후 그는 **axis of evil**이라는 **inaccurate**부정확한하고 **childish**유아적인한 표현 때문에 국내외적으로 쏟아지는 비판을 받아야 했다. **evil**하면 생각나는 기업도 있는데 바로 **Google**이다. **Google**의 **informal motto**비공식 좌우명가 **Don't Be Evil**이기 때문이다. **by fair means or foul**수단과 방법을 가리지 않는하고 돈을 버는 것이 당연시되는 현실에서 참 신선한 말이다. 이것이 **empty slogan**공허한 슬로건이 아니고 진심이길 바란다.

Axis of evil?

If you can dream it, you can do it.
Always remember this whole thing started with a mouse.

꿈꿀 수 있다면 실현할 수 있다.
이 모든 것이 한 마리 생쥐에서 시작되었음을 기억하라.

_월트 디즈니(Walt Disney)

〈Shrek 슈렉〉이 처음 개봉되었을 당시 기존 동화의 틀을 완벽하게 바꿔 버린 그 기상천외한 내용에 관객들은 즐거워했다. 아름다운 공주와 멋진 왕자가 주인공이 되어 결국 해피엔딩으로 끝나는 동화에 익숙했던 사람들에게 〈Shrek 슈렉〉은 신선한 바람이었다. 많은 관객들이 어디서 이런 상상력이 나올 수 있었는지 경탄했지만 사실 기발한 아이디어의 출발은 아주 사소한 상상력에서 시작되기 마련이다. 애니메이션의 아버지라 할 수 있는 Walt Disney 월트 디즈니도 디즈니 왕국의 모든 것이 결국 한 마리의 작은 생쥐에서 시작되었다고 말했듯이 이처럼 작은 상상력은 나뿐만 아니라 세상을 바꿀 수 있다. 그래서 그렇게 많은 예술가와 사상가들이 상상력의 중요성을 강조한 게 아니겠는가.

Everything you can imagine is real.   _파블로 피카소(Pablo Picasso)
상상할 수 있는 모든 것은 현실이 될 수 있다.

Reality leaves a lot to the imagination.   _존 레논(John Lennon)
현실의 많은 것이 상상력에서 비롯되었다.

〈Bedtime Story 베드타임 스토리〉

Your fun is only limited by your imagination.
재미의 한계는 오로지 상상력의 한계에 달려 있을 뿐이다.

_〈Bedtime Story 베드타임 스토리〉

　재미도 상상력에 좌우된다는 것을 보여주는 영화가 아담 샌들러 주연의 〈Bedtime Story 베드타임 스토리〉다. 꿈을 잃고 하루하루 무기력하게 살아가는 스키터(아담 샌들러 분)가 며칠 동안 조카를 맡아 돌보면서 벌어지는 환타지를 그리고 있다. 스키터는 게으른 nature천성 탓에 낮에는 대충 아이들을 돌보고 밤이면 자신이 마음대로 지어낸 이야기를 들려준다. 그런데 자신이 밤마다 조카들에게 들려준 베드타임 스토리가 현실에서 그대로 실현된다. 그는 벤허가 되어 콜로세움에서 전투를 벌이고, 좌충우돌 우주 여행을 하는 과정에서 자신이 바라던 꿈을 하나씩 이뤄간다.
　불가능하다고 생각하면 불가능이지만 꿈을 꾼다면 그것은 실현 가능한 미래가 될 수도 있을 것이다.

Let's be realists, let's dream the impossible.　　_체 게바라(Che Guevara)
현실주의자가 되자. 그리고 불가능한 것을 꿈꾸자.

Finding Nemo

You got yourself in there, you can get yourself out.
혼자 힘으로 거기 들어갔으니 혼자 힘으로 나올 수 있어.

DREAM #3

니모를 찾아서

〈토이 스토리2〉, 〈몬스터 주식회사〉의 제작진이 다시 뭉쳐 만든 야심작이다. 열대어 수집이 취미인 치과의사에게 납치되어간 아들 니모를 찾기 위해 모험을 감행하는 겁 많은 아빠 광대어 말린의 로드 무비이자 니모의 성장 영화다. 화려한 바다 속 풍경과 그 안에서 살아가는 다양한 성격의 캐릭터들이 영화의 재미를 더한다. 〈니모를 찾아서〉는 Academy Award for Best Animated Feature 아카데미 최우수 장편 애니메이션 수상작이다.

You can't never let anything happen to him.
Then nothing would ever happen to him.
Not much fun for little Harpo.

아무 일도 생기지 않게 할 순 없어.
그러면 정말 아무 일도 안 일어나잖아.
그럼 하포 인생이 너무 재미 없지.

I would say it's half full.
내가 보기엔 반씩이나 남아 있는데.

The Best Quotes

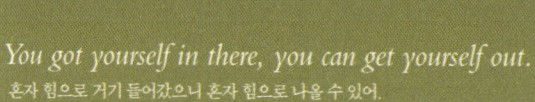

You got yourself in there, you can get yourself out.
혼자 힘으로 거기 들어갔으니 혼자 힘으로 나올 수 있어.

Yes, trust, it's what friends do.
그래. 믿으라구.
친구들은 서로 믿는 거야

Well, you can't hold onto them forever, can you?
영원히 붙잡아 둘 수는 없잖아요. 안 그래요?

STORYLINE

overly protective dad과잉보호 아빠인 말린은 몇 년 전 니모를 제외한 모든 알(자식)과 아내를 포식어에게 잡아먹힌 아픈 과거를 가슴에 묻고 산다. 그에게 남은 목표는 단 하나. 유일하게 살아남은 혈육 니모를 무사히 키우는 것이다. 하지만 처음 학교에 등교하던 날 니모는 용감한 척 허세를 부리다가 갑자기 튀어나온 **scuba diver**스쿠버 다이버에게 잡혀가고 만다. 아들을 찾아 미친듯이 헤매던 말린은 니모를 잡아간 배를 봤다는 도리라는 물고기를 만난다. 그러나 착한 도리에겐 한 가지 문제가 있으니 바로 **short-term memory loss**단기기억상실증 환자라는 것. 말린과 도리는 상어에게 쫓기고, 해파리 떼에게 쏘이고, 고래 배 속에 들어가면서도 포기하지 않고 니모가 잡혀간 시드니 항에 이른다.

한편 니모를 납치해 간 다이버는 **tropical fish**열대어 수집광인 **dentist**치과의사. 니모는 치과의 **fish tank**수족관에 갇히는 신세가 된다. 다채로운 캐릭터들이 살고 있는 수족관에서 니모는 공식적인 **initiation ritual**통과의례를 거쳐 한식구가 된다.

아들을 찾아 대양을 가로지르는 영웅적인 광대어에 대한 소문은 니모의 수족관에까지 전해진다. 니모는 아빠의 소식에 고무되어 과감한 탈출 계획을 세우지만, 다음 날이면 물고기를 흔들어 죽이는 것으로 악명 높은 **dentist**치과의사의 **niece**조카딸 달라의 생일 선물로 끌려갈 판이다. 시간은 촉박하고 거대한 바다와 수많은 사건들이 아빠와 아들의 재회를 가로막는데….

SCENE #1 YOU CAN'T HOLD ONTO THEM FOREVER, CAN YOU?

니모가 처음으로 학교에 가는 날, 니모보다 더 긴장하고 흥분한 말린은 애써 태연한 척하며 학교에 모인 학부형 아빠들과 담소를 나누지만 불안한 마음을 감출 수는 없다.

Bob   You're doing pretty well for a first timer.
Marlin   Well, you can't hold onto them forever, can you?
Bill   I had a tough time when my oldest went out at the drop off.
Marlin   They just have to grow up... the drop off? They're going to the drop off? What are you, insane? Why don't we fry them up now and serve them with chips?
Bob   Hey, Marty. Calm down.
Marlin   Don't tell me to be calm, pony boy!
Bob   'Pony boy'?
Bill   You know for a clownfish, he really isn't that funny.

drop off 절벽   **grow up** 자라다, 성장하다   **insane** 미친, 정신 나간   **calm down** 진정하라, 침착하라

밥 첫 아이를 학교에 보내는 것 치고는 잘 하시네요.
말린 애들을 영원히 붙잡아 둘 순 없잖아요, 안 그래요?
빌 난 우리 맏이가 절벽으로 갔을 땐 정말 힘들었어요.
말린 아이들은 자라서… 절벽? 애들이 절벽으로 간다구? 다들 미쳤어요? 차라리 애들을 튀겨서 감자튀김을 곁들여 차려 놓지!
밥 마티, 진정해요.
말린 누구더러 진정하래, 이 조랑말이!
밥 조랑말이라고?
빌 광대어치곤 별로 안 웃기네.

You're doing pretty well for a first timer. 첫 아이를 학교에 보내는 것 치고는 잘 하시네요. 선뜻 선생님에게 니모를 맡기는 말린을 보며 밥이 대단하다는 듯이 먼저 말을 건다. 말린이 태연한 척 **Well, you can't hold onto them forever, can you?** 애들을 영원히 붙잡아 둘 순 없잖아요, 안 그래요?라고 한다.

first timer	처음하는 사람, 초심자. 학교를 포함한 모든 상황에서 다 쓸 수 있는 말
beginner	초보자

I had a tough time when my oldest went out at the drop off. 나는 맏이가 절벽으로 갔을 땐 정말 힘들었어요. 라는 빌. 수업을 절벽 가까이에서 진행한다는 빌의 말에 갑자기 정신이 번쩍 든 말린은 **The drop off?**라고 소리를 지른다. 그 위험한 곳으로 애들을 데려가다니, **overly protective father**인 말린이 기겁하여 따진다. **What are you insane?** 다들 미쳤어요? 여기서 **insane**은 **crazy**와 같은 의미.

have a tough time 힘들다
tough 어렵다, 강인하다, 엄하다, (고기가) 질기다. **cf. tender** 고기가 연하다
ex. She is one tough lady. 그 여자 보통이 아니다.
They are tough on drunk drivers.
그들은 음주운전자에 대해 엄격하다.
This steak is tough. 스테이크가 질겨요.

>>> **Great Words**
<u>Tough</u> times never last, but <u>tough</u> people do.
힘든 시간은 오래 가지 않지만 강인한 사람들은 끝까지 남는다.
— 로버트 슐러(Robert Harold Schuller)

Why don't we fry them up now and serve them with chips? 차라리 애들을 튀겨서 감자튀김을 곁들여 차려놓지! 라고 잔뜩 흥분한 말린. 그런데 이 대사를 들으면 **fish and chips**가 생각나는데, 이는 생선 살코기에 반죽을 입혀 튀긴 것과 감자튀김이 함께 나오는 세트 음식이다. 요리에 있어서는 변방 취급을 당하는 영국의 대표 음식으로, 영국 현지 물가 대비 가격이 저렴한 편이라 **budget travelers** 알뜰 여행자들이 많이 찾는다. 호주, 뉴질랜드처럼 **Commonwealth of Nations** 영국연방국가에서 많이 먹는다. 미국에도 체인점이 있긴 하지만 그다지 인기가 높은 건 아니다. 튀김이라 많이 먹으면 느끼하고 칼로리도 높기 때문이다. 말린이 '차라리 아이들을 **fish and chips**으로 만들라'고 한 것은 '그 위험한 **drop off**로 데려가다니 아이들을 잡으려고 작정을 했냐'는 강한 비난과 **cynical** 냉소적인한 말이다.

| fish and chips | deep-fried fish와 french fries 세트. 영국의 대표적 음식 |
| deep-fried fish | 생선튀김. 참고로 조리법을 나타내는 동사를 짚어 보자. |

fry 기름을 두르고 굽다 **deep fry** 튀기다
cf. fried rice 볶음밥 **kimchi fried rice** 김치볶음밥
boil 삶다, 끓이다 **steam** 찌다
cf. steamed rice 동양권에서 먹는 흰밥
bake 오븐으로 굽다
cf. bakery 빵집 **baked potato** 구운 통감자
grill 석쇠로 굽다 **stir** 젓다, 뒤섞다
chop 잘게 자르다 **peel** 껍질을 벗기다

Don't tell me to be calm, pony boy! 누구더러 진정하래, 이 조랑말이! 말린은 진정하라는 밥에게 벌컥 화를 내며 헐레벌떡 절벽으로 향한다. **sea horse**해마인 밥을 **pony boy**조랑말 소년라고 **insult**모욕까지 하면서.

pony 조랑말
pony tail 뒤에서 한 갈래로 묶은 머리. 참고로 머리 관련 표현을 보면

straight hair 직모 **wavy hair** 곱슬머리
curly hair 꼬불꼬불한 머리
a centre[side] parting 가운데[옆] 가르마
part 가르마 **bangs** 앞머리
color 염색, 염색하다 **highlight(s)** 브릿지, 브릿지하다
bleach 탈색, 탈색하다 **braid** 땋다
perm 파마, 파마하다(permanent의 준말)

ex. I part my hair in the middle. 저는 가르마를 가운데로 탑니다.
    I part my hair on the right[left] side.
    저는 가르마를 오른쪽[왼쪽]으로 탑니다.
    I would like to color my hair. 머리를 염색하고 싶어요.
    Are you going to get highlights? 브릿지를 하실 건가요?
    I want my hair layered. 머리에 층을 넣어 주세요.
    Just trim the ends. 머리 끝만 다듬어 주세요.

SCENE # 2 IT RUNS IN MY FAMILY

니모는 말린의 눈 앞에서 스쿠버 다이버에게 잡혀가고, 말린은 니모가 잡혀간 배를 정신 없이 따라가다가 놓치고 만다. 다행히 그 배를 봤다는 도리라는 물고기가 길을 가르쳐 주겠다고 나서는데….

Dory Oh! It went this way! Follow me!

        …중략…

Dory Stop following me, okay?!

Marlin What? You're showing me which way the boat went!

Dory I did? Oh dear…

Marlin If this is some kind of practical joke, it's not funny! And I know funny. I'm a clownfish!

Dory I'm so sorry. See, I suffer from short-term memory loss.

Marlin Short-term memory loss… I don't believe this!

Dory It's true. I forget things almost instantly. It runs in my family. Hmmm… where are they? Can I help you?

---

follow 따라가다, 따라오다 **funny** 재미있는, 우스운 **clown fish** 광대어 (말린은 광대어 도리는 regal tang이다.) **instantly** 즉시, 당장

도리 아, 이쪽으로 갔어요! 따라와요!
　　…중략…
도리 그만 따라와요!
말린 뭐라구요? 배가 어디로 갔는지 가르쳐 주는 중이잖아요!
도리 내가 그랬어요? 어쩌지….
말린 이게 장난이라면 하나도 재미 없어요! 난 광대어라 재미가 뭔지 안단 말이오!
도리 정말 미안해요. 난 단기기억상실증을 앓고 있어요.
말린 단기기억상실증이라…기가 막히네!
도리 정말이에요. 난 금방 다 잊어버려요. 우리 집안 내력이죠. 흠…그런데 우리 식구는 어디 있지? 뭐 도와드릴까요?

Stop Following me, okay? 그만 따라와요! 도리가 말린에게 소리친다. 따라오라고 앞장설 때는 언제고 열심히 따라오는 말린을 이상하게도 흘끔흘끔 뒤돌아보더니 급기야 홱 돌아서며 화를 내는 게 아닌가! 황당한 말린이 **You're showing me which way the boat went!** 배가 어디로 갔는지 가르쳐 주는 중이잖아요!라고 반박하자 도리는 **I did? Oh dear…** 내가 그랬어요? 어쩌지…라며 얼버무린다.

show ~ the way	~에게 길을 알려주다, 안내하다
	ex. I'll show you the way. 제가 길을 안내해 드릴게요.
	Could you show me the way to the station?
	역까지 가는 길을 알려 주시겠어요?
Oh dear	저런, 어쩌지, 맙소사, 아이쿠
dear	친애하는, 경애하는; 소중한; (영) 비싼
	ex. Her son is very dear to her.
	그녀의 아들은 그녀에게 매우 소중하다.
	Everything is so dear. 모든 게 다 비싸요.

If this is some kind of practical joke, it's not funny! 이게 장난이라면 하나도 재미없어요! 도리가 장난을 치고 있다고 생각한 말린은 화가 나서 소리친다. **And I know funny. I'm a clownfish!** 난 광대어라 재미가 뭔지 안단 말이오! 광대어인 자신 앞에서 장난을 쳐서 웃길 생각은 하지 말라는 뜻이다.

practical joke	의자를 뒤로 잡아 뺀다든가 하는, 몸으로 하는 짓궂은 장난
	cf. prank call 장난 전화
joke	농담, 유머, 재담; 우스운 일[상황]; 웃음거리, 조소의 대상; 하찮은 일, 아주 쉬운 일
	ex. He is the joke of the town. 그는 온 동네의 웃음거리다.
	The test was a joke. 그 시험은 아주 쉬웠다.
off-color joke	점잖지 못하고 상스러운 농담

I suffer from short-term memory loss. 난 단기기억상실증을 앓고 있어요. 라고 도리는 자신이 앓고 있는 단기기억상실증에 대해 솔직하게 털어놓는다. 도리에게 도움을 얻어 아들 니모를 찾을 생각에 마음이 급했던 말린은 이 상황이 어처구니 없어 한 마디 한다. **I don't believe this!** 기가 막히네!

short-term	단기 cf. long-term 장기
short-term memory loss	단기기억상실
short-term plan	단기 계획
long-term investment	장기 투자

It runs in my family. 우리 집안 내력이죠. 도리의 **short-term memory loss**단기기억상실 증이 집안의 내력이라니 더욱 기가 막힐 뿐이다.

run in one's family	집안 내력이다
take after~	(성격, 행동, 특징 등이) 닮다
look like~	외모가 닮다
genetic	유전의, 유전적인 **cf.** genetic engineering 유전공학
	ex. A good sense of humor runs in my family.
	유머감각은 우리 집안 내력이에요.
	I take after my father. 나는 (성격이) 아버지를 닮았어요.
	I look like my father. 나는 (외모가) 아버지를 닮았어요.
	cf. I have my father's nose and mother's eyes.
	저는 아버지의 코와 어머니의 눈을 닮았습니다.
chip off the old block.	부전자전 (= like father, like son.)
	ex. Bill is a chip off the old block.
	빌은 아버지를 꼭 닮았습니다.

SCENE # 3 HITCH A RIDE ON THE PORCELAIN EXPRESS

한편 다이버에게 잡혀간 니모는 어떻게 되었을까? 다이버는 시드니의 한 치과의사이고 니모는 치과에 있는 큰 어항의 새 식구가 된다. 그런데 치과의사는 니모를 자신의 조카인 달라에게 생일 선물로 주려고 하는데….

Dentist   This here's Darla, my niece. She's going to be eight next week. Say hello to your new mommy. She'll be here Friday to pick you up. You're her present. (사진을 니모에게 보여주며)

…중략…

Bloat   Oh, Darla.

Nemo   What? What's wrong with her?

Gurgle   She wouldn't stop shaking the bag.

Bubbles   Poor Chuckles.

Deb   He was her present last year.

Bloat   Hitched a ride on the porcelain express.

Peach   She's a fish killer.

Nemo   I can't go with that girl! I have to get back to my dad!

---

niece 조카딸 (cf. nephew 남자 조카)   **shake** 흔들다   **poor** 불쌍한   **hitch a ride** ~를[을] 얻어 타다
porcelain 도자기   **killer** 살인자 (cf. serial killer 연쇄 살인마)

This here's Darla, my niece. She's going to be eight next week. Say hello to your new mommy. She'll be here Friday to pick you up. You're her present.

치과의사 얘는 내 조카 달라야. 다음 주에 8살이 되지. 새 엄마에게 인사해. 금요일에 널 데리러 올 거야. 네가 달라의 생일 선물이거든. (사진을 니모에게 보여주며)

…중략…

블로웃 맙소사, 달라.

니모 왜요? 달라가 어때서요?

거글 쉬지 않고 봉지를 흔들어 대더니.

버블스 불쌍한 처클스.

뎁 작년 생일 선물이었는데.

블로웃 죽어서 변기에 버려지고 말았단다.

피치 그 아이는 물고기 살인마야.

니모 난 그 아이에게 갈 수 없어요! 아빠한테 갈래요!

Say hello to your new mommy. 새 엄마에게 인사해. 아빠와 떨어져 애가 타는 니모의 속도 모르고 치과의사는 어항 속의 니모에게 조카의 사진을 보여 주며 새 엄마라고 소개한다.

say hello to ~	~에게 안부를 전하다
say goodbye to ~	~에게 작별 인사를 전하다
	ex. Please say hello to your wife for me. 부인에게 안부를 전해 주세요.

She'll be here Friday to pick you up. You're her present. 금요일에 데리러 올 거야. 네가 달라의 생일 선물이거든.이라고 하는 치과의사. 눈에 보기에도 짖궂어 보이는 달라의 생일 선물로 보내질 거라는 말은 들은 blowfish복어 Bloat가 탄식하며 Chuckles를 떠올린다. 그리고 영문을 몰라 하는 니모에게 Chuckles의 운명을 전해 준다.

present	(=) gift, 선물; 현재; 참석한; 출석 호명에 대한 답
	cf. 출석 호명에 대한 답은 present, yes, here 다 됨
gift	선물, 재능
gift shop	선물가게(present shop이라 하지 않음)

어항 식구인 Bloat은 복어다. 영어로 blowfish, swellfish라고 하는데 독을 품고 있어 미국에서는 음식의 재료로 쓰지 않는다. 하지만 현지 한국 식당이나 일본 식당에서는 먹을 수 있다. 고사리도 이와 같다. 독성 때문에 미국 전통 식단에는 없다. 캘리포니아 들판에는 야생 고사리가 지천으로 깔려 있는 곳들이 있는데 교포 할머니들이 단체로 고사리를 캐러 가서 포대로 담아 오기도 한다. 그러다 고사리 벌판에 있는 뱀에 물려 emergency room응급실에 실려 가기도 한다.

bloat	부풀다, 부풀리다; 자만심을 품다; (인원 · 경비의) 쓸데없는 팽창
bloated face	부은 얼굴
bloated politician	거만한 정치인
bloated budget	부풀린 예산
	ex. I ate too much and feel bloated. 너무 많이 먹어서 배가 빵빵해요.

Hitched a ride on the porcelain express. 죽어서 변기에 버려지고 말았단다. 라는 Bloat 아저씨. 심란한 얼굴로 작년 Darla의 생일 선물이었던 Chuckles가 hitched a ride on the porcelain express했다는 이해하기 어려운 말을 하는데, 이건 무슨 뜻일까? 해석을 하면 '변기특급을 탔다' 즉, '죽어서 변기에 버려졌다'는 의미다. 미국에서는 보통 집에서 키우던 물고기가 죽으면 화장실 변기에 버리고 flush물을 내리다한다. 변기의 재질이 porcelain사기이라서 이런 표현이 생긴 것이리라. **Pray to the porcelain God**이라는 표현도 있는데, 이는 속어로 '화장실에서 토하다'라는 뜻이다. 변기 앞에 무릎 꿇는 게 꼭 기도하는 모습 같다고 해서 생긴 말이다.

hitch a ride	자동차, 오토바이, 기차 등을 얻어 타다
porcelain	자기류, 사기, china
express	급행, 속달; 표현하다, 나타내다

restroom, bathroom

restroom, bathroom은 화장실을 뜻하는 가장 일반적인 명칭이다. toilet은 너무 적나라한 말인데, 이유는 변기를 toilet bowl이라 하기 때문. 여성용 화장실은 powder room이라고도 한다. 기내 화장실은 lavatory라 쓰여 있는데 그냥 restroom[bathroom]이라고 불러도 된다. 일반적으로 '화장실이 어디 있습니까?' 라고 물으려면 Where's the restroom[bathroom]?이라 하면 되지만 더 완곡한 표현을 쓰고 싶을 때는 Where can I wash my hands?어디에서 손을 씻을 수 있나요?라 한다. 그런데 상대방이 좀 센스가 없는 경우에는 진짜 손만 씻을 수 있는 세면대로 안내하는 경우도 있다. 그럴 때는 I mean, the restroom 화장실 말입니다이라고 밝힐 수밖에. 그렇다면 간간이 보이는 WC는 무엇일까? water closet의 머리글자로, 많이 쓰이지 않는 표현인데 뜻은 '화장실, 수세식 변기'다.

SCENE # 4 IT'S HALF EMPTY!

니모를 찾으러 떠난 길은 멀고도 험하기만 하다. 말린과 도리는 굶주린 상어에게 쫓기기도 하고, 독을 잔뜩 품은 해파리 떼에게 쏘이기도 하면서 드디어 시드니 근처까지 왔지만 고생은 아직도 현재진행형이다. 이번에는 고래 입 속으로 빨려 들어가 버리고 만다. 그러지 않아도 비관적인 말린은 속이 타서 죽을 지경이다.

Marlin What is that noise? The water's going down!

Dory Really? You sure about that?

Marlin Look, it's already half empty!

Dory I would say it's half full.

Marlin It's half empty!

(이때 고래가 뭐라고 소리를 지른다)

Dory That one was a little tougher. He said we should go to the back of the throat or he wants a root beer float.

Marlin Of course he wants us to go there! That's eating us! How do I taste, Moby?! Do I taste good?! You tell him I'm not interested in being lunch!

---

noise 소음 **empty** 텅 빈 **throat** 목구멍 **root beer float** 청량음료와 아이스크림으로 만든 미국 아이들의 간식 종류

말린 이게 무슨 소리지? 물이 내려간다!
도리 정말? 확실한 거야?
말린 봐, 벌써 물이 반밖에 안 남았어!
도리 내가 보기엔 반씩이나 남았는데.
말린 반밖에 안 남았다고!
　　　(이때 고래가 뭐라고 소리를 지른다)
도리 이건 좀 알아듣기 어렵네. 목구멍 뒤 쪽으로 가라는 말 아니면 '룻비어플로웃'이 먹고 싶다는 말인데….
말린 당연히 목구멍으로 가길 원하겠지! 우릴 먹겠다는 심보잖아! 내 맛이 어때, 모비? 맛있냐? 난 점심거리 될 생각이 전혀 없다고 말해 줘!

The water's going down! 물이 내려간다! 공포에 사로잡힌 말린이 난리법석이다. 그와 도리는 고래 입 속에 갇혀 있는 상태인데 고래가 입 속에 가득 차 있던 물을 조금씩 삼키니 물이 줄어드는 상황이라 곧 물에 휩쓸려 고래 배 속으로 들어갈 판이다. 그런데 도리는 아무렇지도 않은 듯 You sure about that? 확실한 거야?라며 여유만만하다. 말린은 pessimist비관론자답게 It's already half empty 벌써 물이 반밖에 안 남았어라고 하는데 도리는 optimist낙관론자답게 I would say it's half full 내가 보기엔 반씩이나 남았는데라며 태연하다.

> **Great Words**
> The <u>pessimist</u> sees difficulty in every opportunity. The <u>optimist</u> sees opportunity in every difficulty.
> 비관론자는 모든 기회 속에서 어려움을 찾아내고, 낙관론자는 모든 어려움 속에서 기회를 찾아낸다.
> _윈스턴 처칠(Winston Churchill)

That one was a little tougher. 이건 좀 알아듣기 어렵네. 고래가 무어라 소리를 지르자 도리가 고래의 말을 알아들으려 애쓴다. 기억력에는 심각한 문제가 있지만 고래의 말도 알아들을 수 있는 **multilingual**다중언어 구사자인 도리는 곧 고래의 말을 통역한다.

bilingual	2개국어 구사자 (bi- 는 2를 의미) **cf.** bicycle 자전거
trilingual	3개국어 구사자 (tri- 는 3을 의미) **cf.** triangle 삼각형
quadrilingual	4개국어 구사자 (quad- 는 4를 의미) **cf.** quadruple 네 배가 되다
multilingual	다중언어 구사자 **cf.** multicultural 다문화의

we should go to the back of the throat or he wants a root beer float. 목구멍 뒤 쪽으로 가라는 말 아니면 룻비어플로웃이 먹고 싶다는 말인데.라고 통역을 하는 도리. **root beer float**은 미국 어린이들이 아주 좋아하는 디저트다. 바닐라 아이스크림에 **root beer**라는 이름의 청량음료를 부어 만드는데, 숟가락으로 아이스크림을 떠서 **root beer**에 살짝 적셔 먹고 나중에는 녹은 아이스크림과 **root beer**가 섞여 있는 국물을 **straw**빨대로 마신다. **root beer**는 **beer**와는 전혀 상관없는 무알코올 음료인데 색깔은 콜라와 비슷하고, 맛과 향은 가스활명수와 조금 비슷하다.

throat	목구멍 cf. neck 목(외면)
	ex. My neck is aching. 목(외면)이 아파요.
deep throat	(속어) 내부 고발자

Of course he wants us to go there! That's eating us! How do I taste, Moby? 당연히 목구멍으로 가길 원하겠지! 우릴 먹겠다는 심보잖아! 내 맛이 어때, 모비? 자신과 도리를 삼켜 버릴 것 같은 고래에게 말린이 악을 쓴다. 그런데 갑자기 웬 **Moby**? 바로 미국 문학의 걸작 중 하나인 허먼 멜빌Herman Melvill의 장편소설 《**Moby Dick**백경》에 등장하는 거대한 흰고래 **Moby Dick**의 이름을 빌려 자신을 삼킨 고래를 **Moby**라고 부르는 것이다.

> 19세기 미국이 낳은 문학의 거장 허먼 멜빌. 그의 대표작 《백경》은 미국의 대표적 필독서일 뿐 아니라 세계 명작 100선에도 올라가 있다. 참, 제목을 《모비 딕》이라고 한 번역본도 있다.
>
> *He who has never failed somewhere, that man cannot be great.*
> 한 번도 실패해 보지 않은 자는 결코 위대해질 수 없다.
> _허먼 멜빌(Herman Melvill)

>>> Great Words

The glass is half empty냐 **the glass is half full**이냐는 각각의 마음에 달린 것이다. 우리도 **optimist**가 되어서 머리와 가슴을 긍정적인 생각으로 채워 보면 어떨까. **The glass is half full!**

SCENE # 5 DUCK, DUCK!

망망대해에서 산전수전을 다 겪으며 가까스로 아들 니모가 있다는 시드니 항에 도착한 수면 부족 상태의 말린과 도리. 졸린 눈을 비비며 니모를 잡아간 배를 찾는 중인데….

Dory   Do any of these boats look familiar to you?

Marlin   No, but the boat has to be here somewhere. Come on, Dory. We are going to find it.

Dory   I'm totally excited. Are you excited?
(말은 이렇게 하지만 졸려 죽을 지경이다)

Marlin   Dory, wake up. Wake up, come on.

Dory   Duck!

Marlin   That's not a duck. It's a pelican.

Marlin & Dory   Whoa! Aah!

Marlin   No! I didn't come this far to be breakfast!

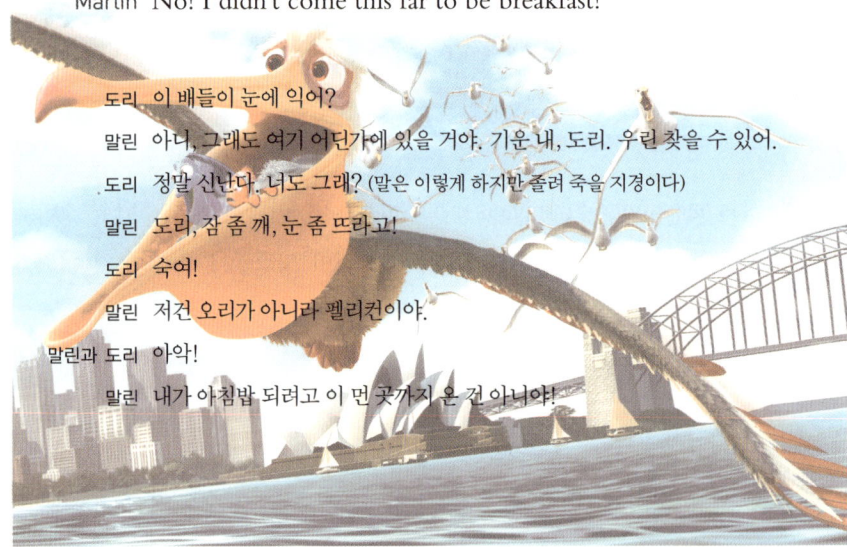

도리 이 배들이 눈에 익어?
말린 아니, 그래도 여기 어딘가에 있을 거야. 기운 내, 도리. 우린 찾을 수 있어.
도리 정말 신난다. 너도 그래? (말은 이렇게 하지만 졸려 죽을 지경이다)
말린 도리, 잠 좀 깨, 눈 좀 뜨라고!
도리 숙여!
말린 저건 오리가 아니라 펠리컨이야.
말린과 도리 아악!
말린 내가 아침밥 되려고 이 먼 곳까지 온 건 아니야!

Duck! 왕방울만 해진 눈으로 외마디 비명을 지르는 도리. 감기는 눈꺼풀을 겨우 들어올린 그녀의 눈에 들어온 건 다름 아닌 둘을 노리고 날아드는 펠리컨. 말린은 That's not a duck. It's a pelican 저건 오리가 아니라 펠리컨이야라고 응수하는데. 그러자마자 펠리컨이 달려들고, 둘은 거의 잡혀 먹힐 뻔한다. 그런데 이 둘이 펠리컨의 아침밥이 될 뻔한 이런 절박한 상황에서 관객들은 웃음을 터뜨린다. 도대체 뭐가 우스운 걸까? 웃음의 열쇠는 바로 duck. duck하면 우리는 당연히 오리를 떠올린다. 그런데 duck에는 다른 뜻도 있다. 이 장면에서 도리와 말린의 미스커뮤니케이션은 우리나라에서 유행했던 유머인 참새 시리즈의 '수그리!'와 일맥상통한다. 경상도 출신 참새의 사투리 '수그리(숙여)'를 못 알아들은 다른 참새들이 포수의 총에 맞았다는 바로 그 이야기 말이다. duck을 동사로 쓰면 '머리(몸)를 재빨리 숙이거나 홱 굽히다'라는 의미가 된다. 먼저 펠리컨을 발견한 도리는 몸을 피하라는 의미로 duck이라고 한 것인데, 말린은 '오리'라는 말로 잘못 알아듣고 숨을 생각은 않고 That's not a duck. It's a pelican 저건 오리가 아니라 펠리컨이야라고 훈수를 두다가 펠리컨에게 잡아 먹힐 뻔한다. 여하간 우리나라 말에 '오리발 내밀기' 같이 오리와 관련된 표현이 있듯이 영어도 duck을 사용한 다양한 표현이 있다.

duck	오리; 머리를 홱 숙이다. 피하다; 책임을 회피하다 cf. **duckling** 새끼 오리
lame duck president	권력 누수 현상이 드러나는 집권 말기의 대통령
lame duck congress	권력 누수 현상이 일어나는 의회

ex. He is a sitting duck. 그는 '봉' 이야.
He ducked the responsibility. 그는 책임을 회피했다.
I was an ugly duckling. 나는 미운 오리새끼였다.

Duck! 숙여! 하면 떠오르는 인물이 한 명 있다. 바로 고故 로널드 레이건Ronald Reagan 전 미 대통령. 그는 재임 중이던 1981년 3월 30일에 저격을 당했는데, 당시 부인 낸시에게 한 말이 매스컴을 타면서 유행어가 되었다. 그건 바로 **Honey, I forgot to duck!** 여보, 숙인다는

걸 깜빡했어! 쇼비즈니스업계 출신답게 역대 미 대통령 중 '대중을 자기편으로 끌어들이는 쇼'에 가장 능한 정치인으로 기억되는 그는 강하고 단순한 문장으로 대중의 뇌리에 강렬한 메시지를 각인시키는 능력을 타고난 인물이었다. **duck**은 앞서 말한 '몸을 숙이다'라는 뜻 외에 '책임을 회피하다'라는 의미도 있는데, 레이건은 그 특유의 매끄러운 제스추어로 책임 회피에도 매우 능했다. 그래서 **Teflon President** (테플론: 프라이팬을 매끄럽게해서 음식이 들러붙지 않게 하는 코팅제)라는 별명을 얻었다. 그런데 아무리 매끄러운 그라도 총알은 피할 수 없었던 모양이다.

레이건의 저격범은 존 힝클리라는 청년이었다. 저격 동기는 영화배우 조디 포스터Jodie Foster에 대한 집착 때문이었다. 할리우드의 지성파 배우로 알려진 조디 포스터가 〈Taxi Driver 택시 드라이버〉에 출연했을 당시 그녀에게 반한 힝클리는 대통령을 암살해서 유명해지면 그녀의 환심을 살 수 있다는 이상한 망상에 사로잡혀 레이건을 저격하고 현장에서 체포되어 정신병동으로 보내졌다. 〈Taxi Driver〉에 대한 이야기가 나온 김에 영화 속 인상 깊은 대사 하나를 소개한다.

> **Great Words**
> A man takes a job, you know, and that job becomes what he is.
> 인간이 한 직업에 종사하다 보면 그 직업이 그의 모습이 되는 거야.
> _〈Taxi Driver 택시 드라이버〉

Duck, it's Dick! 수그려, 딕이다! 2006년 2월 14일자 뉴욕 데일리 뉴스의 헤드라인 기사 제목이다. 기사 주인공은 duck하면 떠오르는 또 하나의 인물인 미국 전 부통령 딕 체니Richard Cheney. 그 이유는 체니가 사냥을 한답시고 총을 메고 나가서 quail메추리(퀘일)을 쏜다는 게 그만 고령의 변호사 친구를 쏴서 병원으로 실려 보낸 것. 게다가 당시 사냥 허가도 없이 불법 사냥을 한 것까지 발각나 버렸다. 그러지 않아도 법 위에 군림하는 그의 오만한 태도를 탐탁치 않게 여기던 public opinion여론이 가만히 있을 리 없었다. 딕 체니는 미국 언론으로부터 뜨거운 비판과 조롱의 집중 포화를 맞았다. 당시 신문과 TV 토크 쇼는 매일 촌철살인 같은 유머를 쏟아냈는데, 데이빗 레터맨은 자신의 토크 쇼에서 Good news, ladies and gentlemen, we have finally located weapons of mass destruction: it's Dick Cheney여러분, 좋은 소식이 있습니다. 드디어 대량살상무기를 찾아냈습니다. 바로 '딕 체니' 입니다라고 했고, 일부 언론은 체니 부통령이 War on Terror테러와의 전쟁도 모자라 이젠 War on Poultry가금류와의 전쟁을 시작했다고 조롱했다. 이런 신랄한 조롱의 배경에는 사실 이라크 전쟁이라는 역사적 상황이 있다. 저명한 경제학자 제프리 색스 교수는 이와 관련해 Oil is America's motive for war석유가 미국의 이라크 전쟁의 목적이다라고 했다. 명분 없는 이라크 전쟁을 일으킨 neocon미 강경파 정부는 막대한 혈세를 쏟아 부었고, 파병된 미군들은 죽어갔고 이라크의 민간인들의 피해 또한 상상을 초월했다. 그런데 이 전쟁은 부시 가문과 체니 부통령을 포함한 부시의 entourage측근에게는 오히려 짭짤한 돈벌이가 되었다. 에너지와 defense industry 방위산업와의 이해관계가 얽히고설켜 있는 그들은 일반 미국인들의 고통과는 반대로 엄청난 부를 축적하게 되었으니, 국민들의 분노가 터져나오는 것도 당연하다 하겠다. 정치인들에게 just and great cause대의명분이 서는 일만을 기대한다면 너무나 naive순진한 것일까?

⟨Eternal Sunshine 이터널 선샤인⟩

Blessed are the forgetful, for they get the better even of their blunders.

망각하는 자 복이 있나니 자신의 실수조차 잊기 때문이니라.

_⟨Eternal Sunshine 이터널 선샤인⟩

영화 속에서 말린은 단기기억상실증을 앓고 있는 도리 때문에 어려움을 겪지만 실제로 망각은 위로가 되기도 하고 치유의 방법이 되기도 한다. 이런 내용을 담고 있는 영화가 바로 ⟨Eternal Sunshine 이터널 선샤인⟩으로, 위의 글귀는 철학가 프리드리히 니체 Friedrich Nietzsche의 말을 인용한 것이다. 자신과 너무 다른 상대방의 성격에 지쳐 서로에 대한 기억을 지워버린 연인들이 상대에 대한 기억이 지워진 후 결국 다시 만나 사랑에 빠진다는 내용의 영화로, 사랑과 기억에 대한 깊은 성찰이 담겨 있다. 이 영화의 원제 ⟨Eternal Sunshine of the Spotless Mind⟩는 사실 영국의 시인 알렉산더 포프의 시 ⟨Eloisa to Abeland⟩에 나오는 글귀다.

How happy is the blameless vestal's lot?
The world forgetting, by the world forgot.
Eternal sunshine of the spotless mind.
Each prayer accepted and each wish resigned.

행복은 순결한 여신만의 것일까? 잊혀진 세상에 의해 세상은 잊혀진다. 티 없는 마음의 영원한 햇살. 여기엔 성취된 기도와 체념된 소망 모두 존재한다.

_알렉산더 포프(Alexander Pope)

〈Memento 메멘토〉

〈Memento 메멘토〉도 단기기억상실증을 다루고 있긴 하지만 앞의 영화와는 분위기가 다르다. 영국 출신 크리스토퍼 놀란이 감독한 이 영화는 아내의 살인사건에 의한 충격으로 기억이 10분밖에 유지되지 않는 희귀한 증상에 시달리는 한 남자가 살인범을 찾는 과정을 긴박감 있게 그려냈다. 이 영화에 나오는 대사는 우리가 진실이라고 믿고 있는 기억이란 것이 절대적으로 신뢰할 수 있는 것이 아닐 수도 있음을 말한다.

Memory can change the shape of a room.
It can change the color of a car. And memories can be distorted.
They are just an interpretation. They are not a record.

기억은 방의 모양도 차의 색깔도 바꿀 수 있어. 기억은 왜곡될 수 있어. 기억은 기록이 아니라 해석이니까.

_〈Memento 메멘토〉

〈50 First Dates 첫 키스만 50번째〉

애덤 샌들러와 드루 베리모어가 주인공으로 등장하는 로맨틱 코미디로 단기기억상실증을 소재로 하고 있다. 진실한 사랑을 믿지 않는 수의사 헨리(애덤 샌들러 분)는 우연히 만난 루시(드루 배리모어 분)에게 한눈에 반한다. 노련한 작업 솜씨로 첫 데이트 약속을 얻어낸 헨리는 데이트 첫날 그녀에게 반갑게 인사를 건네다 뜻밖에 파렴치한으로 몰린다. 알고 보니 루시는 1년 전 교통사고 이후 하루가 지나면 모든 기억을 잃어버리는 단기기억상실증을 앓고 있다. 영화는 헨리가 루시의 단기기억상실증을 넘어서 진정한 사랑을 찾아가는 과정을 흥미롭게 그린다.

Chapter 2

선과 악의 숙명적 대결
JUSTICE

#1 다크 나이트

#2 스타워즈 에피소드 3: 시스의 복수

#3 식코

BATMAN
The Dark Knight

The night is darkest just before the dawn.
And I promise you the dawn is coming.
동트기 전이 가장 어둡습니다. 그리고 새벽은 반드시 옵니다.

JUSTICE #1

배트맨
다크 나이트

북미 박스 오피스의 흥행 기록을 갈아치운 〈다크 나이트〉에는 역대 조커 중 가장 광기 넘치고 지능적이며 카리스마 있고, 허나 치유하지 못한 깊은 상처를 갖고 있는 복잡한 내면의 조커가 등장한다. 배우는 히스 레저. 하지만 그는 이 영화의 개봉을 보지 못한 채 요절했다. 인간에 내재된 선과 악의 본질과 선택에 대한 질문을 던지는 〈다크 나이트〉는 크리스토퍼 놀란 감독이 전작인 〈배트맨 비긴즈〉에 이어 메가폰을 잡았다.

*To whomsoever much is given,
of him shall be much required.*
더 많이 주어진 자에게는 더 많은 책무가 따른다.

The Best Quotes

*A hero. Not the hero we deserved,
but the hero we needed.*
우리가 가질 만한 자격이 있었던 영웅이 아니라
우리가 필요로 했던 영웅이었습니다.

You make your own luck.
행운은 스스로 만들어 가는 것.

*The night is darkest just before the dawn.
And I promise you the dawn is coming.*
동트기 전이 가장 어둡습니다. 그리고 새벽은 반드시 옵니다.

STORYLINE

영화의 ending credit엔딩 크레딧 저 편에 In the memory of our friends Heath Ledger & Conway Wickliffe... 히스 레저와 콘웨이 위클리프를 추모하며…라는 글귀가 올라간다. 역대 조커 중에서 가장 인상적인 연기를 펼쳤던 히스 레저는 영화의 개봉을 보지도 못한 채 acute intoxication급성약물중독으로 갑자기 세상을 떠났다. 안타깝게도 직접 수상할 수는 없었지만 그는 이 역할로 수많은 영화제에서 남우조연상을 휩쓸었다. 그리고 위클리프는 특수효과 전문가로 영화 스턴트 준비 중 교통사고로 사망했다.

낮엔 억만장자 브루스 웨인으로, 밤에는 배트맨의 가면 속에 정체를 숨긴 채 범죄로부터 고담 시를 지키는 배트맨. 그는 짐 고든 경찰서장과 패기 넘치는 열혈 검사 하비 덴트와 힘을 합쳐 범죄 집단을 소탕해 나간다. 밤과 낮의 정체가 다른 자신과 달리 법을 통해 도시를 보호하고자 하는 하비 검사야말로 진정한 영웅이라 여기게 된 배트맨은 고민한다. 계속 정체를 감춘 채 Dark Knight어둠의 기사로 남을 것인가. 아니면 이제 하비 검사에게 모든 걸 맡기고 이중생활의 막을 내릴 것인가.
　한편, 이 세 명의 의기 투합으로 궁지에 몰린 악당들의 회합 자리에 짙은 화장을 한 괴이한 인물이 나타나 배트맨을 죽이자고 제안한다. 그는 어떠한 규칙도 따르지 않고 최소한의 상식도 무시하는 사상 최악의 미치광이 '조커'. 그는 배트맨을 죽이고 고담 시를 손아귀에 넣기 위해 엽기적인 범죄 행각을 자행하며 고담 시 전체를 극도의 혼란에 빠뜨린다. 그리고 배트맨이 가면을 벗고 정체를 밝히지 않으면 광기 어린 행각을 계속하겠다며 배트맨을 압박한다.

SCENE #1 THE NIGHT IS DARKEST JUST BEFORE THE DAWN

조커는 고담 시민을 협박한다. 배트맨을 자신들에게 넘기지 않으면 무고한 시민을 계속 해치겠다고. 그 협박대로 사람들이 죽어나가자 고담 시민들은 공포에 사로잡혀 배트맨을 조커에게 넘겨야 한다고 아우성이다. 하지만 정의감으로 똘똘 뭉친 하비 덴트 검사는 기자회견을 열고 배트맨을 보호하는 동시에 조커를 유인해서 체포하기 위해 자신이 배트맨이라는 거짓말로 자수를 한다.

Harvey Dent　Should we give in to this terrorist's demands? Do we really think that...

Citizen 1　Would you rather protect an outlaw vigilante than the lives of citizens?

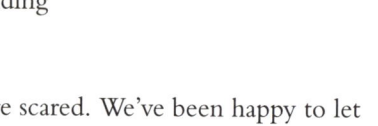

Harvey Dent　The Batman is an outlaw. But that's not why we're demanding he turn himself in.

Harvey Dent　We're doing it because we're scared. We've been happy to let the Batman clean up our streets for us until now.

Citizen 2　Things are worse than ever!

Harvey Dent　Yes they are... But the night is darkest just before the dawn. And I promise you the dawn is coming.

Harvey Dent　One day, the Batman will have to answer for the laws he's broken. But to us, not to this mad man!

Police officer　No more dead cops! He should turn himself in!

Harvey Dent　So be it. Take the Batman into custody. I am the Batman.

하비 덴트 테러리스트의 요구에 굴복해야 합니까? 우리는 진실로….
시민1 시민들의 목숨보다 무법자 자경단원을 보호하겠다는 말씀인가요?
하비 덴트 배트맨은 무법자입니다. 허나 그것 때문에 우리가 그에게 자수하라고 하는 게 아니잖습니까?
하비 덴트 두려워서 그러는 것이죠. 지금까지 우리는 배트맨이 우리 거리를 깨끗하게 청소해 준 것을 기뻐하지 않았습니까.
시민2 상황이 최악이에요!
하비 덴트 맞습니다. 그러나 동트기 전이 가장 어둡습니다. 새벽은 반드시 옵니다.

하비 덴트 언젠가 배트맨은 그가 어긴 법에 대해서 해명해야 할 겁니다. 우리에게 말입니다. 그 미치광이 말고요!
경찰관 더 이상 경찰의 죽음은 안됩니다! 배트맨은 자수해야 돼요!
하비 덴트 그럼 그러세요. 배트맨을 체포하세요. 제가 배트맨입니다.

give in 굴복하다 **outlaw** 무법자, (사회로부터) 추방된 사람; 불법화하다 **vigilante** 자경단원 **turn oneself in** 자수하다 **clean up** 청소하다 **dawn** 새벽 **take ~ into custody** ~를 체포하다

Would you rather protect an outlaw vigilante than the lives of citizens? 시민들의 목숨보다 무법자 자경단원을 보호하겠다는 말씀인가요? 조커의 협박에 굴복한 시민들은 이처럼 하비 덴트 검사를 압박한다. 이때까지 고담 시의 치안 유지에 큰 도움을 줘 온 배트맨에게 고마워하던 마음은 어디로 가고 이제는 배트맨을 **outlaw vigilante**라고 폄하하며 조커에게 넘겨주자 한다.

vigilante	(=) guard, watchman 자경단원. 즉, 경찰 등 공권력의 힘이 아니라 스스로 나서서 악당들을 응징하는 '정의의 사도' 같은 사람
outlaw	무법자, 불량배, 법외자, 사회에서 추방된 사람; (동) 불법화하다 **ex.** Minnesota outlawed drunken driving 50 years ago. 미네소타 주는 50년 전 음주 운전을 금지했다. Seattle outlawed aggressive begging. 시애틀은 강압적인 구걸 행위를 불법화했다. An honest man came to pay an outlawed debt. 한 정직한 남자가 시효가 넘은 채무를 변재하러 왔다.
outsider	문외한, 제3자, 외부인 political outsider 정치적 문외한
《The Outsider》	알베르 까뮈의 소설 《이방인 L'Étranger》의 영어 제목. 《The Stranger》라는 제목의 번역본도 있다 ↔ insider 내부 사람, 회원 insider trading 내부자에 의한 주식 매매 **cf.** whistle-blower 내부 고발자
outcast	쫓겨난, 버림받은, 의지할 곳 없는; 추방된 사람, 부랑자

Outlaw처럼 out-은 매우 다양한 표현으로 쓰일 수 있다. 예로 앞의 어휘 해설의 outcast에 family를 붙여서 family outcast라 하면 우리나라 드라마의 흔한 설정이 떠오른다. 예컨대 이런 거다. 재벌 2세 청년이 가난한 아가씨와 사랑에 빠지고, 이에 대노한 재벌 부모는 아들에게 그 관계를 끊지 않으면 호적에서 파버리거나 내놓은 자식 취급하겠다며 으름짱을 놓는다. 만약 부모님을 거역하면 그는 a family outcast가 되는 것이다. 하여간 미국에는 호적제도 자체가 아예 없긴 하지만. 이렇게 의절하는 걸 동사로는 **disown**이라 한다. 흥미로운 점은 우리나라에서는 disown을 일반적으로 윗세대가 아랫세대에게 일방적으로 하는 것이지만 미국에서는 위아래 양 방향이란 것. 노인 공경 전통이 없기 때문에 부모가 자식을, 자식이 부모를 서로 disown할 수 있다.

disown	의절[절연]하다
	ex. His parents disowned him. 그는 내놓은 자식이다.
	The party publicly disowned him.
	정당은 공개적으로 그와의 관계를 끊었다.

The night is darkest just before the dawn. And I promise you the dawn is coming. 동트기 전이 가장 어둡습니다. 그리고 새벽은 반드시 옵니다.라는 하비 덴트. 그는 Things are worse than ever! 상황이 최악이에요!라고 동요하는 시민들을 진정시키고 배트맨을 보호하려고 최선을 다한다.

dawn	(=) daybreak 새벽, 동틀 녘, 여명; 일의 시초; 날이 새다; 이해되기 시작하다; 여자 이름
from dawn till dusk	새벽부터 해 질 때까지

ex. A new day dawns. 새로운 날이 밝다.

It dawned on him that she had betrayed him.
그는 그녀가 배신했다는 사실을 깨닫게 되었다.

Climate change is a hot topic of discussion at the dawn of the 21st century. 기후 변화는 21세기 초 뜨거운 토론의 주제이다.

So be it. Take the Batman into custody. I am the Batman. 그럼 그러세요. 배트맨을 체포하세요. 제가 배트맨입니다. 하비 덴트는 자신의 설득에도 민심이 수습이 되지 않자 결국 자신이 배트맨이라는 거짓말로 자수한다.

So be it.	보통 상대가 끈질기게 원하거나 고집을 꺾지 않을 때 '내가 동의하는 건 아니지만 원한다면 그렇게 하라' 는 의미
take~ into custody	(=) arrest ~를 체포하다

살다 보면 누구나 견딜 수 없을 만큼 힘들고 어려운 시간을 맞닥뜨릴 수 있다. 그런 힘든 상황에 처했을 때 이 글귀를 자신에게 들려주며 지친 마음을 스스로 다독거려 줄 수 있다면 좋겠다. **The night is darkest just before the dawn. And I promise you the dawn is coming.**

SCENE # 2 MADNESS IS LIKE GRAVITY

조커를 피해 고담 시를 떠나는 두 척의 배가 있다. 한 척에는 시민들이, 또 한 척에는 죄수들이 타고 있다. 조커는 이 두 척의 배에 탑승한 사람들에게 다른 배를 먼저 폭파시키지 않으면 두 척 모두 폭파하겠다고 협박한다. 그러나 사람들은 극심한 공포 속에서도 조커의 협박에 굴복하지 않는다. 배트맨은 두 척의 배를 모두 폭파하려는 조커를 저지하지만, 안도의 한숨을 내쉬기도 전에 하비 검사에게 심상치 않은 변화가 일어났음을 눈치채게 된다.

Joker   You won't kill me out of some misplaced sense of self-righteousness. And I won't kill you because you're just too much fun! I think you and I are destined to do this forever.

Batman   You'll be in a padded cell forever.

Joker   Maybe we could share one! You know, they'll be doubling up the rate. This city's inhabitants are losing their minds.

Batman   This city just showed you that it's full of people ready to believe in good.

Joker   Until their spirit breaks completely. Until they get a good look at the real Harvey Dent and all the heroic things he's done. You didn't think I'd risk losing the battle for Gotham's soul in a fist fight with you?

Joker   You need an ace in the hole. Mine's Harvey.

Batman   What did you do?

Joker   I took Gotham's "White Knight" and I brought him down to our level. It wasn't hard. Madness, as you know, is like gravity. All it takes is a little push.

조커　넌 너 홀로 정의롭다는 비뚤어진 착각 때문에 날 못 죽이는 거야.
　　　나도 널 못 죽여. 왜냐면 너무 재미있어서!
　　　너와 난 평생 이러고 살라는 팔자인가 보지.
배트맨　넌 벽에 완충물을 댄 정신병동에서 평생 썩게 될 거다.
조커　한방을 같이 써도 되겠네!
　　　방값이 두 배로 뛸 것 같거든. 이 도시 인간들이 정신줄을 놓았기 때문에.
배트맨　이 곳은 '선'을 믿는 시민들로 가득 차 있다는 걸 방금 보여 줬다.
조커　저들의 기가 완전히 꺾이기 전까지 만이지.
　　　하비 덴트의 참모습과 그가 저지른 대단한 일들을 보기 전까지만이지.
　　　내가 고담 시를 너와 주먹질이나 하다가 빼앗길 거라는 생각은 안 했겠지?
조커　난 비장의 카드가 있지. 바로 하비.
배트맨　무슨 짓을 한 거야?
조커　난 고담의 '백기사'를 우리 수준으로 끌어 내렸어.
　　　어렵지 않았어. 알다시피 광기는 중력과 같아. 조금만 밀어 주면 되지.

---

be destined to~ ~할 운명이다　**padded** 완충물을 덧댄　**inhabitant** 주민, 시민
completely 완전히　**fist fight** 주먹 다툼　**ace in the hole** 비장의 카드　**gravity** 중력

You won't kill me out of some misplaced sense of self-righteousness. 넌 나 홀로 정의롭다는 비뚤어진 착각 때문에 날 못 죽이는 거야. 배트맨은 육박전 끝에 조커를 사로잡지만 차마 죽이지 못한다. 이를 두고 조커가 비웃는 말이다.

misplace	그릇된, 자리를 잘못 잡은, 비뚤어진
mis+place	'잘못' 이란 의미의 접두사 mis와 '자리잡다, 두다' 라는 뜻의 place가 결합된 동사. 이처럼 mis+ V의 형태로 쓰이는 동사들이 많다.

misunderstand 오해하다	mis 잘못 + understand 이해하다
misjudge 오판하다	mis 잘못 + judge 판단하다
misinform 잘못 알려주다	mis 잘못 + inform 알려주다
mispronounce 잘못 발음하다	mis 잘못 + pronounce 발음하다
mismanage 관리를 잘못하다,	mis 잘못 + manage 관리하다

misplaced vs. lost

misplaced는 '그릇되다, 자리를 잘못 잡다'는 의미. 재미있는 건 미국에서 상사에게 "서류를 분실했습니다"라고 보고를 할 때 lost 대신 misplaced를 써서 I seem to have misplaced the document라고 하는 경우가 종종 있다는 것. 이유는 간단하다. lose분실하다 보다 misplace어디에 잘못 두다가 훨씬 더 완곡한 표현이라서 잃어버린 게 아니라 잠시 못 찾고 있는 사소한 실수처럼 들리기 때문. 게다가 그냥 misplace도 아니고 "seem to have" misplaced는 "어디 잘못 둔 것 같다"는 더더욱 완곡한 위기 모면용 발언이 된다는 것.

self-righteousness라는 조커의 세련된 표현이 눈에 띈다. **righteousness**는 '올바름, 정의, 공정함; 청렴 강직함'이란 뜻인데, 앞에 **self-**가 붙으면 의미가 좀

비틀어져서 '자신이 스스로를 평가하는 정의로움' 즉 객관적으로는 아닌데 스스로 옳다고 믿는, '독선적인'이라는 비판이 담겨 있다. **He is so self-righteous**라고 하면 '그 사람은 스스로 자신이 의로우며 잘났다고 착각한다, 독선적이다'라는 비난의 뜻이다.

You'll be in a padded cell forever. 넌 벽에 완충물을 댄 정신병동에서 평생 썩게 될 거다. 조커에 대한 분노에 불타는 배트맨은 내뱉는다.

cell	감방, 독방; 세포, 전지; 방, 독방
cell phone	휴대폰
padded	옷 등에 솜을 둔, ~에 덧댄, (인원·계산 등을) 조작하여 부풀린
padded cell	자해를 하지 못하도록 완충물을 벽에 두른 감옥이나 정신병원 환자실
padded bill	바가지 씌운 계산서
padded jacket	솜 같은 것을 넣은 재킷. 속칭 패딩 재킷
padded bra	가슴을 커 보이게 하는 속칭 뽕브라

cf. 뽕브라는 wonderbra라고도 하는데 이는 뽕브라로 유명한 브랜드명으로, 이제는 일반명사처럼 쓰인다. 참고로 xerox와 같은 맥락이다. 복사기는 copy machine, copier라고 하는데, 제록스의 복사기가 하도 유명해서 xerox가 '복사기, 그리고 복사하다'라는 의미로도 쓰인다.

The Dark Knight

Maybe we could share one! 한방을 같이 써도 되겠네! 배트맨이 조커를 감옥에 넣겠다고 하자 조커가 함께 감옥에 들어가는 것이 어떠냐며 빈정댄다.

share	분배하다, 나누어 주다, 할당하다, 함께 나누다, 분담하다, 같이 쓰다; 몫, 일부분, 주(株), 주식, 지분(持分)
get a fair share	당연한 몫을 받다
market share	시장 점유율
preferred share(stock)	우선주. 보통 미국에서는 stock(s), 영국서는 share(s)라 한다.

ex. We share expenses. 우리는 비용을 분담합니다.
They will share the blame. 그들은 공동으로 책임을 질 겁니다.
Could we share this table?
같이 합석해도 될까요?(빈 테이블이 없을 때)
The two chemists shared the Nobel prize.
두 명의 화학자가 노벨상을 공동 수상했다.

You need an ace in the hole. Mine's Harvey. 난 비장의 카드가 있지. 바로 하비. 조커는 계속 배트맨을 비웃으며 하비 검사를 나락으로 떨어뜨리려 함정을 파두었음을 암시한다.

ace in the hole	카드 게임에서 나온 표현으로, '비장의 카드 [수], 마지막 으뜸패, 포커 게임에서 엎어 놓은 에이스'

ex. Steve is our team's ace in the hole.
스티브는 우리 팀의 히든 카드이다.
Let's keep our ace in the hole until we are out of strategies.
전략들을 다 쓸 때까지 비장의 술수를 아껴두자.

I took Gotham's 'White Knight' and I brought him down to our level. 난 고담의 '백기사'를 우리 수준으로 끌어 내렸어. 조커는 하비 검사를 White Knight에 비유하며 그에게 심각한 부정적 변화가 일어났음을 암시한다. 심지어 조커는 배트맨과 동질감을 느낀다며 배트맨과 자신을 함께 묶어 our level이라 한다. 배트맨 입장에서는 매우 불쾌하겠지만 두 사람은 사실 have something in common 공통점이 있다이다. 다름 아닌 post traumatic stress disorder 외상후 스트레스장애 즉, PTSD 환자라는 점. 둘 다 어린 시절에 보통사람들은 겪지 않는 큰 충격을 받았고, 그 trauma 때문에 독특한 인생궤도로 들어서게 됐음을 알 수 있다. 그런데 한 명은 시민들의 수호자, 다른 한 명은 criminal 범죄자로 극과 극의 인생 궤적을 어떻게 설명할 수 있을까? 먼저 두 사람의 PTSD의 원인이 매우 다르다는 점을 overlook 간과하다하지 말자. 배트맨은 부모에게 사랑을 듬뿍 받고 자라다 범죄자에게 부모를 잃었지만, 조커는 사랑을 받아야 할 아버지에게서 오히려 씻을 수 없는 극심한 육체적·정신적 학대를 받았다. victims of child abuse 아동학대 피해자들가 심신이 매우 피폐해진다는 것은 psychiatry 정신의학의 기본이다. 학대 속에 자란 조커는 범죄자가 되었고, lose his parents early in life 조실부모하다했지만 사랑을 간직하고 자란 배트맨은 시민들의 수호자 Dark Knight이 되었다.

white knight	백기사 cf. white night와 발음 같음
white night	백야. the winter solstice(동지) 때 남극과 the summer solstice(하지) 때 북극에서 해가 지지 않아 환한 밤을 일컬음. 한밤중의 태양은 midnight sun
〈**White Nights**〉	유명 발레리노 미하일 바리슈니코브 주연의 1985년 개봉작. 라이오넬 리치가 부른 주제가 〈Say You, Say Me〉가 큰 인기를 끌었다.
dark knight	흑기사, 어둠의 기사 cf. dark night(어두운 밤)과 발음 같음

SCENE # 3 EITHER DIE A HERO OR LIVE LONG ENOUGH TO SEE YOURSELF BECOME THE VILLAIN

고담 시의 치안과 정의를 위해 고군분투했던 하비 덴트 검사. 조커의 음모에 의해 사랑하는 여인이 죽고, 자신의 얼굴도 반이 흉측하게 일그러진다. 그런데 이런 불행에 조커에 매수된 경찰관들이 연루되었음을 알고는 큰 충격을 받고 '고담 시의 정의의 수호자'에서 '복수자'로 변절, 사람들을 죽이고 배트맨까지 죽이려다가 추락사하고 만다. 이에 고든 형사는 망연자실하는데….

Gordon　The Joker won…(중략)… Every chance we had at fixing our city dies with Harvey's reputation. We bet it all on him. The Joker took the best of us and tore it down. People will lose hope.

Batman　They won't. They must never know what he did.

Gordon　Five dead, two of them cops. You can't sweep that up.

Batman　But the Joker cannot win. Gotham needs its true hero.

　　　　(하비 대신 죄를 뒤집어쓰려 한다.)

Gordon　No.

Batman　You either die a hero or you live long enough to see yourself become the villain. I can do those things because I'm not a hero, unlike Dent. I killed those people. That's what I can be.

Gordon　No, No! You can't, you're not!

Batman　I'm whatever Gotham needs me to be.

---

reputation 명성, 평판　**bet** ~에 걸다, 돈을 걸다, 내기를 하다　**villain** 악당

고든   조커가 이겼군. …(중략)… 고담 시를 바로잡을 수 있었던 모든 기회는 하비의 명성과 함께 죽었소. 우린 그에게 모든 걸 걸었는데. 조커는 우리 중 최고를 갈갈이 찢어놓았소. 사람들은 희망을 잃을 거요.
배트맨 아니오. 사람들은 절대로 그가 저지른 일을 알아선 안 돼요.
고든   다섯 명을 죽였고 그중 둘은 경찰이요. 그걸 어떻게 숨길 수 있겠소.
배트맨 허나 조커가 이기게 할 순 없소. 고담은 진정한 영웅이 필요하니까.
       (하비 대신 죄를 뒤집어쓰려 한다.)
고든   그건 안 돼.
배트맨 영웅으로 죽거나 아니면 오래 살아남아 악당이 되는 거요. 난 덴트 같은 영웅이 아니니 그런 일을 저지를 수 있는 거요. 내가 그들을 죽인 것으로 합시다.
고든   아냐, 안 돼! 그렇게는 할 수 없소!
배트맨 난 고담이 필요한 누구든지 될 수 있소.

The Joker won... People will lose hope. 조커가 이겼군… 사람들은 희망을 잃을 거요. 고든 형사는 하비 덴트의 시신 앞에서 절망한다. 하비 검사를 덮친 여러 비극스런 상황이 비통하기만 한 그에게 배트맨은 They won't. They must never know what he did 아니오. 사람들은 절대로 그가 저지른 일을 알아선 안 돼요 라며 하비의 죄를 숨겨 주자 한다. 허나 Five dead, two of them cops. You can't sweep that up 다섯 명이 죽었고 그중 둘은 경찰이요. 그걸 어떻게 숨길 수 있겠소 라는 고든 서장.

sweep   쓸어버리다, 청소하다; (시리즈 전에서) 연승[전승]하다, (선거 등에) 압도적으로 이기다
sweeper   축구팀에서 골키퍼 앞의 중앙 수비수; 청소부
minesweeper   (게임) 지뢰찾기 cf. mine 지뢰
ex. South Korea sweeps World Cup short track 1,000m.
    한국이 월드컵 쇼트트랙 1000미터 경기를 휩쓸다.
    Steady all tournament long, the South Koreans, with a 9-0 sweep of their games in the Olympics… 토너먼트 내내 안정된 경기력을 보여준 한국 선수들은 올림픽에서 9-0 전승으로…

But the Joker cannot win. Gotham needs its true hero. 허나 조커가 이기게 할 순 없소. 고담은 진정한 영웅이 필요하니까. 라는 배트맨. 결국 나락으로 떨어지긴 했지만 정의를 위해 누구보다 용감하게 싸웠던 하비 검사의 명예를 지켜 주고, 고담 시민들에게 절망을 안겨 주지 않기 위해서 그가 저지른 살인죄를 대신 뒤집어쓰려 한다. 그리고 하비 검사를 영원한 영웅, 고담 시의 white knight백기사로 사람들의 기억 속에 남겨두자고 고든을 설득한다.

You either die a hero or you live long enough to see yourself become the villain. 영웅으로 죽거나 아니면 오래 살아 남아 악당이 되는 거요. 라는 배트맨의 말대로 세상 사람들은 at the prime of their lives인생의 최고 전성기에 die young요절하다한 사람들에게 관대해진다. 어지간한 flaw흠에는 turn a blind eye대충 눈감아주다하고, 장점은 부각시켜 기억한다. 제임스 딘James Dean, 메릴린 몬로Marilyn Monroe, 이소룡Bruce Lee, 존 에프 케네디John F. Kennedy 전 대통령, 체 게바라Che Guevara도 그런 예이다.

케네디만 해도 그의 할아버지와 아버지의 깨끗하지 못한 accumulation of wealth축재 행위, 그의 재임 당시 소련과 주고받은 거래를 one-sided victory일방적 승리인 양 과대포장한 것 등 찜찜한 기록들이 있다. 메릴린 먼로와의 염문 정도는 재미있는 안주거리에 지나지 않는다.

여하간 you live long enough to see yourself become the villain이라는 배트맨의 말처럼 나중에 villain악당 소리를 듣지 않으려면 살아온 나날의 무게 만큼의 책임을 져야 한다. 우리나라 말에 노욕老慾이라는 말은 있어도 '소욕'이라는 말이 없는 것도 시사하는 바가 있다. 그만큼 추하게 늙는 사람이 많기 때문이 아니겠는가. 물론 외모를 말하는 게 아니다. 우리는 유니세프UNICEF(United Nations Children's Fund) goodwill ambassador친선대사로 아프리카의 굶주리는 아이들을 안고 있던 오드리

햅번Audrey Hepburn과 빈민을 위해 평생을 바친 테레사 수녀Mother Teresa의 **wrinkled face**주름진 얼굴이 얼마나 아름다운지 보았다.

한편 영어에는 '노욕'이라는 똑떨어지는 말이 없다. 굳이 번역을 하면 **old man's greed** 정도가 된다. 대신 비속어로 **old fart**라는 말이 있다. 이는 오히려 우리나라 말로 똑떨어지는 번역이 없는데 뜻은 '꼬장 부리는' 혹은 '까칠한 노인'이다. 그런데 '노욕'과 old fart의 흥미로운 공통점은 '소욕'이란 말이 없는 것처럼 **young fart**라는 말도 없다는 것. 즉 두 나라 다 나잇값을 못하는 어른들이 많다는 말이 아닐까. 정말로 **There's no free lunch**세상에 공짜는 없다. 제대로 '어르신' 대접을 받으려면 그만한 삶을 살아야 한다는 말이 아니겠는가.

goodwill	친절, 호의, 선의
a gesture of goodwill	우호적인 몸짓
goodwill ambassador	친선대사
	ex. They went on a goodwill mission to Africa.
	그들은 아프리카에 친선사절로 갔다.
fart	방귀, 방귀 뀌다; 바보, 등신 **old fart** (속어) 꼬장 부리는 노인

BEHIND THE MOVIES — May Heath Ledger rest in peace.

인상적인 조커 연기를 펼친 히스 레저도 스물여덟에 요절했다. 조커 역에 몰입하면서 얻은 심한 insomnia불면증 때문에 다량으로 복용한 sleeping pill수면제이 그의 죽음과 직접적 관련이 있다고 한다. May he rest in peace... 미국의 오래된 묘비를 보면 RIP라고 새겨진 epitaph 묘비명을 볼 수 있는데, 이는 Rest In Peace의 앞머리글자이다. 하지만 최근에는 고인이 직접 남긴 글귀를 묘비명으로 새기기도 한다. 한때 버나드 쇼의 묘비명이 광고에 나와서 유명세를 탄 적이 있다. 광고에 나온 묘비명은 "어영부영하다가 내 이럴 줄 알았다"인데 이것은 재미있게 번역한 것이지 정확한 건 아니다. 말하자면 꿈보다 해몽이 좋은 경우라 하겠는데, 실제 그가 남긴 묘비명은 I knew If I Stayed Around Long Enough Something Like This Would Happen 오래 머물다 보면 내 이런 일이 생길 줄 알았다이다.

THE BEST QUOTES

To whomsoever much is given, of him shall be much required.
더 많이 주어진 자에게는 더 많은 책무가 따른다.

_로즈 케네디(Rose Kennedy)

케네디 전 대통령에 대한 이야기가 나온 김에 그의 어머니인 고故 로즈 케네디 여사가 자식들과 손자들에게 즐겨 말해 주던 명언을 소개한다. 이는 누가복음 12장 48절에 나오는 Bible verse성경 구절인데, wealth부이든 talent재능이든 knowledge학식이든 age나이든 자신에게 주어진 그릇의 크기만큼 책무도 directly proportional정비례한다는 의미이다. 하지만 regrettably안타깝게도 그녀의 바람과는 달리 그 가르침에 discordance between one's words and actions언행불일치로 화답한 offsprings자손들이 있다. 여하간 성경 구절이자 로즈 케네디의 가르침 ...to whomsoever much is given, of him shall be much required... 는 다름 아닌 noblesse oblige노블레스 오블리제의 다른 말이기도 하다. 그리고 또 한편 '더러운 자본가'와 '위대한 자선가'라는 극단적인 평가를 받는 거부 록펠러도 이와 같은 맥락의 글을 남겼다. 그가 세운 건물 앞에 새겨진 글귀를 보면 "더 많이 주어진 자에게는 더 많은 책무가 따른다" 는 말은 eternal truth만고불변의 진리라는 생각이 든다.

**Every right implies a responsibility;
every opportunity, an obligation;
every possession, a duty.**

모든 권리에는 책임이,
모든 기회에는 책무가, 모든 소유에는 의무가 따른다.

_존 록펠러(John D. Rockefeller)

STARWARS Episode3
Revenge of the Sith

Power tends to corrupt,
and absolute power corrupts absolutely.
권력은 부패하기 쉽고, 절대 권력은 절대 부패한다.

JUSTICE #2

스타워즈 에피소드3
시스의 복수

스타워즈 시리즈는 에피소드 1부터 에피소드 6까지 총 여섯 편으로 이루어져 있다. 소설로 치면 대하소설이라고 할 수 있는 이 긴 시리즈의 전체 흐름을 제대로 파악할 수 있는 열쇠가 바로 〈스타워즈 에피소드 3: 시스의 복수〉에 있다. 전체 시리즈 이야기의 큰 축인 두 가닥의 변절 과정이 바로 여기서 전개되기 때문이다. 그 하나는 애너킨 스카이워커가 다스 베이더로 변절하는 과정, 다른 하나는 공화국이 독재제국으로 변절하는 과정이다.

Death is a natural part of life…
Mourn them, do not. Miss them, do not.
죽음은 삶의 자연스러운 일부다…
너무 애도하지도 말고, 너무 그리워하지도 말라.

The Best Quotes

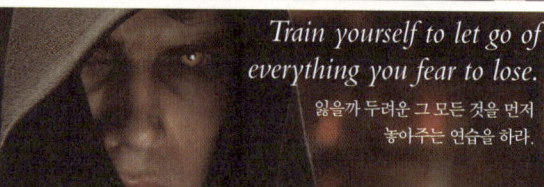

Train yourself to let go of everything you fear to lose.
잃을까 두려운 그 모든 것을 먼저 놓아주는 연습을 하라.

May the Force be with you…
포스가 당신과 함께 하기를…

Twice the pride, double the fault.
오만함이 두 배면 과오도 갑절이지.

The fear of loss is a path to the dark side.
상실에 대한 두려움은 어둠으로 이어지느니.

STORYLINE

전편인 에피소드 2에서 귀엽고 착한 꼬마였던 애너킨은 3편에서는 멋진 청년으로 자라 제다이 기사의 반열에 들어선다. 하지만 안타깝게도 공화국을 **betray**배신하다하고 만다. 이 변절은 개인사로 그치는 것이 아니라 독재제국의 탄생과 맞물려 있기 때문에 더욱 비극적이다.

타고난 최고의 '포스' 덕분에 발탁되어 제다이 기사가 되기 위한 수련을 받은 애너킨. 그러나 인격적으로 성숙하지 못한 그는 **noble cause** 대의를 위해서 개인의 사적인 감정을 배제해야 하는 제다이의 법도를 어기고 **Padme**파드메와 비밀리에 결혼을 하고 만다. 여기서부터 애너킨의 몰락이 시작된다. 아내를 죽음으로부터 지켜내야 한다는 **obsession**강박관념과 어머니와 끝까지 함께

하지 못했다는 자책감 때문에 애너킨은 끊임없이 번민한다. 이러한 애너킨의 **weakness**약점를 간파한 독재제국의 수장 팰퍼틴은 자기와 손을 잡으면 죽음을 다스릴 수 있는 힘을 얻을 수 있다고 유혹한다. 내면의 깊이를 채 갖추지 못한 애너킨은 팰퍼틴의 유혹에 넘어가 결국 본인과 주위 사람들은 물론이고 공화국의 존망에 치명타를 입히게 된다.

SCENE # 1 LET GO OF EVERYTHING YOU FEAR TO LOSE

명상 중인 요다와 애너킨. 제다이 고수 중 최고봉인 요다는 최고의 무술 실력과 더불어 깊은 내공의 소유자다. 그는 능력은 있지만 굳건한 내면을 지니지 못한 애너킨을 걱정한다. 그리고 미래에 대한 두려움으로 계속 흔들리는 애너킨의 속내를 감지하고 조언한다.

Yoda These visions you have…
Anakin They are of pain, suffering, death…
Yoda Yourself you speak of, or someone you know?
Anakin Someone…
Yoda Close to you?
Anakin Yes.
Yoda Careful you must be when sensing the future, Anakin. The fear of loss is a path to the dark side.
Anakin I won't let these visions come true, Master Yoda.
Yoda Death is a natural part of life… (중략) … Mourn them, do not. Miss them, do not. Attachment leads to jealousy. The shadow of greed, that is.
Anakin What must I do, Master Yoda?
Yoda Train yourself to let go of everything you fear to lose.

요다 자네에게 보이는 환영은….
애너킨 아픔과 고통, 죽음의 환영입니다.
요다 자네인가 아니면 아는 누군가인가?
애너킨 아는 사람입니다….
요다 가까운 사람인가?
애너킨 네.
요다 미래를 감지할 때는 조심하거라, 애너킨. 상실에 대한 두려움은 어둠으로 이어지느니.
애너킨 이 환영들이 현실이 되지 않게 하겠습니다, 요다 스승님.
요다 죽음은 삶의 자연스러운 일부이다… (중략)… 너무 애도하지도 말고, 너무 그리워하지도 말거라. 집착은 질투를 낳는다. 그건 탐욕의 그림자이니라.
애너킨 어떻게 하면 될까요, 요다 스승님?
요다 잃을까 두려운 그 모든 것을 먼저 놓아주는 연습을 하라.

pain 통증, 고통 **suffering** 괴로움 **mourn** 애도하다 **miss** 그리워하다 **attachment** 집착, 애착 **jealousy** 질투 **greed** 욕심 **train** 훈련하다, 수련하다

These visions you have... 자네에게 보이는 환영은… 애너킨의 마음에 드리우는 어두운 그림자의 정체에 대해 물어보는 요다. 애너킨은 **They are of pain, suffering, death**아픔과 고통, 죽음의 환영입니다라고 대답한다. 그리고 그것은 **someone close**가까운 사람에 대한 것이라고.

The fear of loss is a path to the dark side. 상실에 대한 두려움은 어둠으로 가는 길이다. 라고 충고하는 요다. **fear of loss**상실에 대한 두려움이라는 감정의 폐해를 잘 알기에 이어서 애너킨에게 주의를 준다. **Careful you must be when sensing the future, Anakin**미래를 감지할 때는 조심하라. 이에 애너킨은 **I won't let these visions come true, Master Yoda**이 환영들이 현실이 되지 않도록 하겠습니다라고 다짐한다.

loss	상실, 손실, 분실, 사망	
suffer loss after loss	(=) sustain loss upon loss 손해를 거듭하다	
recover one's losses	(=) make up for the loss 손해를 벌충하다	
cover the loss	결손을 메우다	sell at a loss 손해를 보고 팔다
loss of appetite	식욕 부진	loss of face 체면 손상
cut one's losses	손실을 줄이다	at a loss 당황하여, 어찌할 바를 몰라

ex. Asians take face seriously, and the loss of face even more so.
아시아인들은 체면을 중요시 하고 체면 손상은 더욱 심각하게 받아들인다.
Brown was quick to cut his losses. 브라운은 손실을 재빨리 막았다.
I'm completely at a loss when it comes to computers.
사실 저는 컴퓨터는 하나도 몰라요.

> **Great Words**
> Fear is created not by the world around us, but in the mind, by what we imagine is going to happen.
> 두려움은 현실에서 태어나는 것이 아니라 머릿속 상상이 만들어내는 것이다.
> _엘리자베스 거웨인(Elizabeth Gawain)

Death is a natural part of life. 죽음은 삶의 자연스러운 일부다. 그러니 **mourn them, do not** 너무 애도하지도 말고, **miss them, do not** 너무 그리워하지도 말라 이라고 요다는 충고한다.

Train yourself to let go of everything you fear to lose. 잃을까 두려운 그 모든 것을 먼저 놓아주는 연습을 하라.고 말을 잇는 요다. 그는 애너킨을 정확하게 꿰뚫어 보고 집착과 애착을 버리고 마음을 비우라는 가르침을 주는데, 이는 법정 스님의 《무소유》 내용과도 일맥상통한다. 허나 애너킨은 마음에 가득한 권력욕, 파드메, 어머니 중 그 어느 것도 놓지 못하고 움켜쥔 채 발버둥 치다가 결국 스스로 비극을 초래하고 만다. 사실 그 무엇을 거머쥐고자 하기에 상실이 두려운 것이다. 먼저 놓아 버리면 두려울 것도 없지 않겠는가.

let go of ~	쥐고 있던 것을 놓다; ~에서 손을 놓다; ~에 대한 마음[집착] 등을 비우다
	ex. Don't let go of the rope. 그 밧줄 손에서 놓지 마세요.
	Let go of me. 저를 놓아주세요.
	Let go of your fears. 두려움을 떨쳐버리세요.

허나 fear of loss에 괴로워하는 이러한 애너킨이 낯설지 않다. 바로 나약한 우리의 모습이기 때문이다. 원래 imperfect 불완전한하고 insecure 불안한한 being 존재인 인간은 온갖 두려움에 시달리며 살아간다. 심지어 두려움 그 자체에도 집착한다. 이러한 두려움에 대해서 세계적 베스트 셀러 작가 파울로 코엘료 Paulo Coelho는 그의 책 《The Alchemist 연금술사》에서 다음과 같이 말한다

> Most people see the world as a threatening place, and because they do, the world turns out, indeed, to be a threatening place.
> 거의 대부분 사람들은 세상을 두려운 곳으로 본다. 그리고 그렇게 보기 때문에 세상은 정말 두려운 곳이 되고 만다.
> _파울로 코엘료(Paulo Coelho)

SCENE # 2 IF YOU ARE NOT WITH ME, THEN YOU ARE MY ENEMY.

은하계 의회 의장이었던 팰퍼틴의 숨겨진 정체는 악의 제국을 세우고자 하는 다스 시디어스. 그는 절대적인 힘을 갖게 해 주겠노라고 애너킨을 유혹하고, 애너킨은 점점 어둠의 힘에 이끌린다. 애너킨을 키워온 스승 오비완 캐노비는 혈육과도 같은 제자의 변절을 막아 보려고 끝까지 애쓰지만, 결국 두 사람은 서로의 목에 칼을 겨누게 되는데… .

Anakin   I have brought peace, freedom, justice and security to my new empire.

Obi-Wan   Your new empire?

Anakin   Don't make me kill you.

Obi-Wan   Anakin, my allegiance is to the republic, to democracy!

Anakin   If you are not with me, then you are my enemy.

Obi-Wan   Only the Syth deals in absolutes. I'll do what I must.

애너킨   난 내 제국에 평화와 자유 그리고 정의와 안전을 정착시켰소.
오비완   너의 제국이라고?
애너킨   나로 하여금 당신을 죽이게 만들지 마시오.
오비완   애너킨, 내 충성심은 오로지 공화국, 민주주의를 향한 것이야!
애너킨   내 편이 아니라면 당신도 나의 적일 뿐.
오비완   오로지 시스만이 그런 극단적인 사고를 하지. 정 그렇다면 할 수 없지.

peace 평화   **freedom** 자유   **justice** 정의   **security** 안전   **empire** 제국   **allegiance** 충성심   **democracy** 민주주의   **enemy** 적   **in absolutes** 극단적으로

I have brought peace, freedom, justice and security to my new empire. 난 내 제국에 평화와 자유 그리고 정의와 안전을 정착시켰소. 라는 애너킨. 다스 시디어스의 유혹에 완벽하게 넘어가 변절의 길을 선택한 그는 지금까지 자신을 신뢰하고 이끌어 온 스승 오비완에게 오만방자한 말을 내뱉는다. 너무나 달라진 애너킨의 모습에 기가 막힌 오비완이 되묻는다. **Your new empire?** 너의 제국이라고? 이에 애너킨은 자기 실력을 자만하며 **Don't make me kill you** 나로 하여금 당신을 죽이게 만들지 마시오라고 혈육처럼 자신을 가르쳐 온 스승을 위협한다. 그리고 이어서 큰 반향을 일으킨 대사를 이 대목에서 내뱉는다. **If you are not with me, then you are my enemy** 당신이 내 편이 아니라면 나의 적일 뿐.

If you are not with me, then you are my enemy. 당신이 내 편이 아니라면 나의 적일 뿐. 이 영화가 개봉되자 애너킨이 내뱉은 이 대사 때문에 적지 않은 파문이 일었다. 이유는 다름 아닌 뉴욕의 **World Trade Center** 세계무역센터를 초토화시킨 9·11 사태 후 당시 부시 미 대통령이 전 세계 국가에게 미국의 주도 아래 반테러에 동참할 것을 선동하며 했던 **Either you are with us, or you are with the terrorists** 우리 편이 아니라면 테러리스트와 한패다라는 이분법적 언사와 너무 유사했기 때문이다.

be with ~
1. ~ 를 지지하다; ~와 동의하다
   ex. She is with me. 그녀는 내 편이다
   Are you with me? (Do you agree with me?) 제 의견에 동의하시나요?
2. (식당이나 파티 등에서) 같이 왔다, 일행이다
   ex. She is with me. 그녀는 나와 함께 온 손님이다.
   I am with them. 저는 저분들과 일행입니다
3. 상대방이 내 말을 잘 이해를 하고 있는지 확인하고 싶을 때
   ex. Are you with me? 제 말이 이해가 되나요?
   (=Do you understand what I'm saying?)

Only the Syth deals in absolutes. 오로지 시스만이 그런 극단적인 사고를 하지. 라고 한탄하는 오비완. 악의 세력에 빠져 들어간 애너킨은 정말 단순무식한 이분법적 **black and white logic** 흑백논리으로 스승을 절망케 한다. 너무 변해버린 애너킨 앞에서 오비완은 하는 수 없이 **draw the sword** 검을 뽑아든다한다. 이처럼 '모든 것을 흑백논리로 판단하는 것'을 영어로는 **judge everything as either black or white** 라고 한다.

"**Either you are with us, or you are with the terrorists.** 우리 편이 아니면 당신은 테러리스트와 한패이다."라고 부시는 당시 소위 테러와의 전쟁을 선포하면서 말했는데, **If you are not with me, then you are my enemy**라는 애너킨의 말과 놀라울 정도로 흡사하다. 변절한 애너킨 스카이워커의 이 대사에 가장 공개적으로 흥분한 곳은 프랑스의 Cannes Film Festival칸 영화제이었다. 전 해에 부시 전 대통령을 비판한 마이클 무어Michael Moore 감독의 〈Fahrenheit 9/11 화씨 9/11〉에 최우수 작품상인 **Palme D'Or**황금종려상을 안겨줬던 칸은 그다음 해에는 〈Star Wars: Episode 3 스타워즈 에피소드 3〉의 **worldwide premiere** 전세계 첫상영를 개최했다. 그리고 칸 영화제 관객들은 이 영화에서 전쟁 도발을 통해 부상하는 시스의 제국주의와 반테러 전쟁으로 포장한 부시의 이라크 침공이라는 두 사건을 겹쳐 보았다. 미국의 양심이라 평가받는 세계적 석학 놈 촘스키Noam Chomsky도 미국의 이라크 침공에 대해 **control over Iraq's oil resources**이라크 석유자원 장악가 바로 이 전쟁의 두 가지 목표 중 하나라고 공개적으로 비판했다. 그렇다면 가장 목소리를 높였던 프랑스와 독일 정부의 '미국의 이라크 침공 반대'는 진실로 인도적인, 양심에서 나온 목소리였을까? 안타깝게도 미국 주도 아래 이루어지는 이라크 공격 반대는 그들이 이미 확보해 놓은 이라크의 **petroleum resources**석유자원에 대한 **interest**이익를 지키기 위함이라고 보는 것이 더 정확할 것이다. 어쨌거나 〈Star Wars: Episode 3〉가 이라크 침공 반대파들의 가려운 곳을 조금이나마 긁어준 것만은 분명한 사실이다.

Power tends to corrupt, and absolute power corrupts absolutely.
권력은 부패하기 쉽고, 절대 권력은 절대 부패한다.

_액턴 경(Lord Acton)

스타워즈 시리즈의 조지 루카스 감독은 한 인터뷰에서 If you are not with me, then you are my enemy라는 대사로 부시의 제국주의적 narrow-mindness편협함을 정면으로 비난한 것이 아니냐는 질문을 받자 웃으며 "영화 스토리를 집필할 당시에 이라크는 미국 정부와 적대적 관계가 아니었다. 당시 미국은 이란을 견제하기 위해 사담 후세인에게 weapons of mass destruction대량살상무기를 제공했고, 후세인은 미국의 적이 아니라 오히려 일종의 지역 대리인 같은 역할을 했다"고 말했다. 그러나 인터뷰 기사에 의하면 루카스는 학창시절에 닉슨 대통령의 Watergate Scandal워터게이트 스캔들과 미국의 명분 없는 베트남 전쟁을 보았고 미국의 민주주의가 훼손되는 것도 직접 지켜 본 세대이다 보니 정치권력에 대해 비판적인 시각을 갖게 된 것은 어쩌면 당연한 일일 것이라 한다.

또 다른 인터뷰에서 그는 스타워즈에서 공화국이 구성원들의 적극적인 동의하에 독재 제국으로 넘어가는 상황은 인류의 역사에서 되풀이되어 온 주제라고 했다. 그는 "Ancient Rome고대 로마에서는 카이사르가 senate원로원 중심의 republic공화국을 타파하고 황제 중심의 전제국가를 세우려다 공화파에 의해서 암살당했는데, 그때 원로원은 공화국의 시스템을 더욱더 공고히 할 수 있는 이러한 절묘한 기회를 이용하지 못하고 오히려 카이사르의 조카인 아우구스투스에게 절대적 황제의 권력을 스스로 상납하고 말았다"고 했다.

그리고 "프랑스는 어떤가? 프랑스 민중은 절대군주 루이 16세Louis XVI를 guillotine단두대에서 처형하는 엄청난 혁명을 일으켰으나 어이없게도 그후 독재자 나폴레옹에게 나라를 헌납하고 말았다. 독일 역시 자발적으로, 그것도 적극적으로 파시스트 독재자 히틀러에게 국가를 갖다 바쳤고 결국 독일인들은 오늘날까지도 그를 지지한 선대의 잘못에 대한 대가를 치르고 있다"고 했다.

루카스는 또 이어서 "민주주의가 독재정권 혹은 파시즘으로 변절되는 과정은 흥미롭게도 비슷한 전철을 밟는다. 먼저 그것이 실제이든 지어낸 것이든 외부로부터의 위협이 다가온다. 그런 때 '내가 외부의 적으로부터 지켜줄 테니 단결하여 나를 따르라…'고 선동하는 카리스마의 리더, 즉 잠재적 독재자가 나선다. 불안한 민중은 강한 지도자가 필요하다는 판단하에 그를 지지하고, 적어도 그들 생각에는 권력을 '잠정적'으로 헌납하게 된다. 그렇다면 외부의 위협이 없어지면 독재자는 그 막강한 권력을 내려놓는 것이 당연하건만, 일단 거머쥔 권력은 죽어도 내어놓지 않는다. 그래서 권력 유지를 위해 실제 위협 상황을 과장하기도 하고, 위협 상황을 만들어내기도 한다"고 덧붙였다. **Power is addictive**권력은 중독적이다. 때문에 그 맛을 보면 헤어나기 어렵다. 그리고 **Power tends to corrupt** 권력은 부패하기 쉽다. 그래서 더 위험한 것이다.

Does history repeat itself?역사는 되풀이되는가? 답은 "그렇다"이다. 지난 날의 어두운 과오를 직시하고 깨끗이 정리하지 않으면 암울한 역사는 되풀이되는 법이다.

Sicko

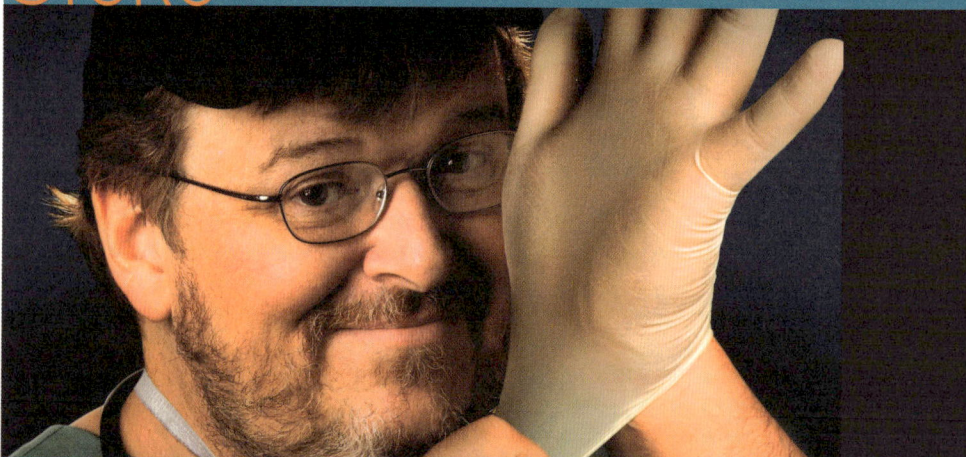

If you can find money to kill people,
you can find money to help people.
사람을 죽이는 데 쓸 돈이 있다면 사람을 구하는 데 쓸 돈도 있는 거지요.

JUSTICE #3

식코

다큐멘터리 부문에서는 보기 드문 흥행 감독으로 화려한 경력을 자랑하는 마이클 무어. 그는 부시 행정부의 명분 없는 테러와의 전쟁, 방위산업과의 유착관계 등을 고발한 〈화씨 9/11〉로 칸 영화제에서 황금종려상을 수상했다. 그리고 미국의 총기문제를 다룬 〈볼링 포 콜럼바인〉으로 아카데미상을 수상하는데, 수상소감 중 Shame on you, Mr. Bush, shame on you!라는 폭탄 발언으로 한층 더 유명세를 탔다. 미국사회의 어두운 그림자를 들춰내는 그의 특기는 〈식코〉에서도 이어진다. 새로운 화두는 바로 의료제도. 이익집단에 의해 휘둘리는 미국 의료제도의 모순이 적나라하게 파헤쳐진다.

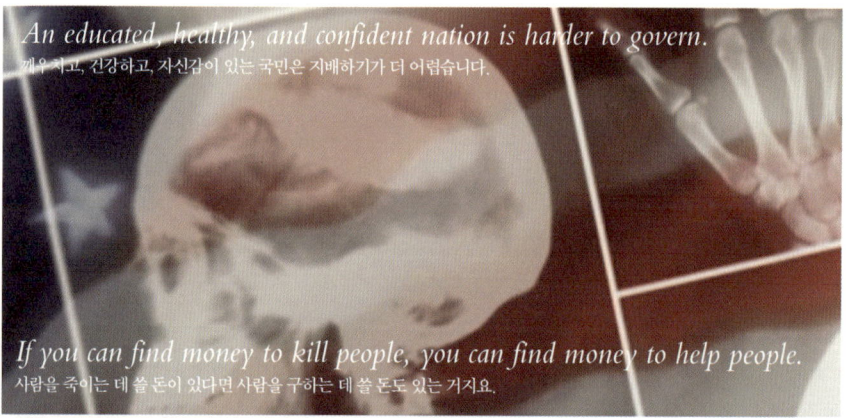

An educated, healthy, and confident nation is harder to govern.
깨우치고, 건강하고, 자신감이 있는 국민은 지배하기가 더 어렵습니다.

If you can find money to kill people, you can find money to help people.
사람을 죽이는 데 쓸 돈이 있다면 사람을 구하는 데 쓸 돈도 있는 거지요.

The Best Quotes

They think of 'we first', not 'me first.'
그들은 '나' 보다 '우리' 를 먼저 생각합니다.

You can judge a society by how it treats those who are worst off.
그 사회가 어떤 사회인지 판단하려면 최약층을 어떻게 대하는지 보면 됩니다.

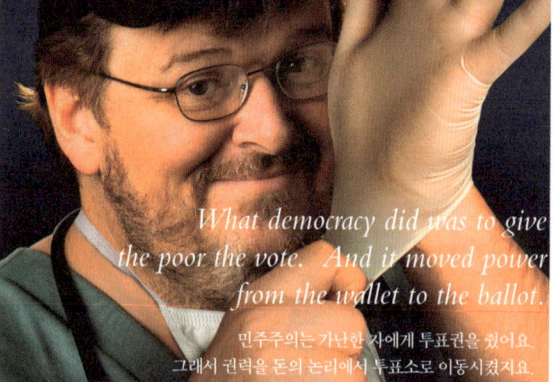

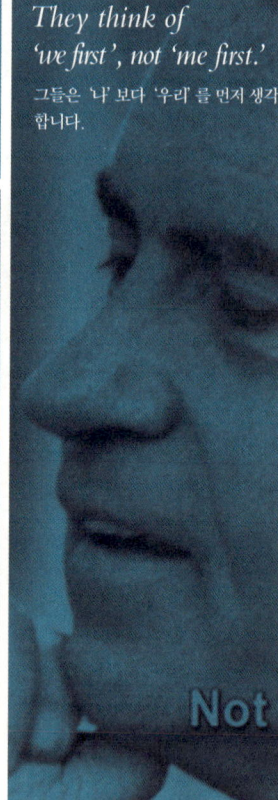

What democracy did was to give the poor the vote. And it moved power from the wallet to the ballot.
민주주의는 가난한 자에게 투표권을 줬어요. 그래서 권력을 돈의 논리에서 투표소로 이동시켰지요.

STORYLINE

　세계 최강대국 미국 국민의 건강상태는 어느 정도일까? infant mortality rate 유아 사망률은 중남미의 가난한 엘살바도르보다 높고 average life span 평균 수명은 영국, 캐나다보다 낮다. 미국에서 개인이 go bankrupt 파산하다 하고 살고 있던 집을 팔아야 하는 가장 큰 이유는 바로 medical bills 의료비 때문이다.

　미국에는 전 국민을 위한 universal health care는 없는 데다가 의료비는 상상을 초월할 정도로 비싸다. 좋은 직장에 다니고 있는 사람은 직장 의료보험에 가입할 수 있지만 그렇지 못한 이들은 그저 아프거나 다치지 않기를 기도할 뿐이다.

　이 영화는 의료제도의 모순으로 인해 삶이 산산조각 나는 평범한 미국인들의 사례들로 시작해서 미국의 의료제도의 허점을 보여준다. 또 민영 의료보험사 whistle blower 내부고발자들의 양심선언도 잇따르는데, 이들은 보험사들이 수익을 늘리기 위해 의료비 지급 승인을 거부해 가입자들을 사망하게 했다고 고발한다. 이어서 이런 의료 시스템은 닉슨 정부 때 도입되었다는 사실과 이런 부조리한 제도가 지속되어 온 배경에는 이익집단 등의 조직적 로비가 있었음이 드러난다. 드디어 2010년 오바마 정부는 health care reform bill 의료제도 개혁안을 가까스로 통과시켰다. 앞으로 미국의 의료제도가 어떻게 개선될 지 지켜볼 일이다.

　참고로 영화 제목인 sicko는 속어로 a person who is mentally or morally sick 정신도착자를 뜻한다.

SCENE # 1 THAT APPEALS TO ME

미국의 문제 많은 의료제도가 언제 누구에 의해 도입되었는지 알 수 있는 자료가 있다. 1971년 2월 17일 오후 5시 23분 백악관에서 당시 리처드 닉슨 대통령과 그의 counsel and assistant고문겸 보좌관인 얼리치먼 사이에 오고간 대화가 녹음 테이프 기록으로 남아 있다. 그 대화 내용과 다음날 이어지는 닉슨의 대국민 담화 내용은 가히 충격적이다.

Nixon   I'm not too keen on any of these damn medical programs.

Ehrlichman   This is a private enterprise.

Nixon   Well, that appeals to me.

Ehrlichman   Edgar Kaiser is running his Permanente deal for profit... (중략) All the incentives are toward less medical care, because the less care they give them, the more money they make.

Nixon   Fine.

Ehrlichman   The incentives run the right way.

Nixon   Not bad.

(TV 기록화면) The Next Day   Feb 18, 1971   President's statement

Nixon   I'm proposing today a new national health strategy. The purpose of this program is simply this. I want America to have the finest health care in the world, and I want every American to be able to have that care when he needs it.

닉슨 　난 의료보험 따위 별 관심 없어.

얼리치먼 　이건 민영 기업입니다.

닉슨 　구미가 당기는군.

얼리치먼 　에드가 카이저는 퍼마넨테 보험사를 수익을 위해 경영하고 있는데…. (중략) 의료 혜택을 줄이고 기업의 보상이 커지는 방향으로 잡혀 있습니다. 의료 혜택을 줄이면 줄일수록 돈을 많이 버니까요.

닉슨 　좋구만.

얼리치먼 　인센티브가 바른 방향으로 잡혀 있습니다.

닉슨 　괜찮군.

(TV 기록화면) 다음날 1971년 2월 18일 대국민 담화

닉슨 　저는 오늘 새로운 의료제도를 소개하려 합니다. 이것을 도입하는 목적은 간단합니다. 미국이 세계 최고의 의료 혜택을 갖기를 바랍니다. 그리고 모든 미국인이 최고의 의료 혜택을 필요할 때 언제든 누리길 바랍니다.

I'm not too keen on any of these damn medical programs. 난 의료보험 따위 별 관심 없어. 녹음 기록에서 닉슨은 노골적으로 국민을 위한 의료보험 따위에는 관심이 없다고 말한다.

keen	날카로운, 예리한; 고통·경쟁 등이 강렬한; 민감한; 빈틈없는
keen competition	격렬한 경쟁　　**keen hearing** 예민한 청력
keen sarcasm	신랄한 풍자　　**keen ambition** 강한 야심
keen on~	~에 열심인, 열중하는, 열망하는.
	ex. He is keen on promotion. 그는 승진을 몹시 바라고 있다.
	He's very keen on criticizing others.
	그는 다른 사람을 비판하는 데 열중한다.

This is a private enterprise. 이건 민영 기업입니다. 라고 하는 보좌관 얼리치먼. 의료 제도에 관심이 없다던 닉슨은 민간 기업에서 추진하는 것이라고 하자, 왜 그런지 **That appeals to me** 구미가 당기는군 라며 갑자기 관심을 보인다.

enterprise	기업(체), 기업체제, 사업, company(ies), corporation, business, firm
large enterprise	(=) large corporation 대기업
	cf. small and medium (sized) company 중소기업
public enterprise	공공 기업　　**government enterprise** 관영 기업
private enterprise	민영 기업　　**multinational company** 다국적 기업
chaebol	(=) family-controlled conglomerate 재벌 (사전에도 chaebol로 등재됨)

Kaiser is running his Permanente deal for profit. 카이저는 퍼마넌테 보험사를 수익을 위해 경영하고 있는데,라며 보좌관은 유명한 tycoon거부 에드거 카이저가 운영하는 통합의료업에 대해 설명하기 시작한다. 여기서 running은 '달리다'가 아니라 '경영하다'이다. 말이 나온 김에 콩글리시 하나 짚어 보면, '런닝셔츠'라 불리는 속옷은 영어로 running shirt가 아니라 undershirt라 한다. 민소매, 반소매, 긴소매 상관없이 상의 안에 입는 건 undershirt라 하면 된다. 여하간 미국 사람들은 내의류를 잘 안 입는 편이긴 하지만.

run	입후보하다; 코·물·노른자 등이 흐르다; 스타킹 올이 풀리다; 출처를 밝히다; 광고를 내다
run away	달아나다, 도주하다
run into	~와 우연히 만나다, 마주치다
run on~	~으로 기계 등이 작동하다
run out of	~을 소진하다, 바닥나다
in the long run	장기적으로는, 긴 안목으로는
in the short run	단기적으로는
hit and run	1. 야구에서 치고 달리기 작전 a hit-and-run play
	2. 뺑소니 사고 a hit-and-run accident
	3. 치고 빠지기 hit and run tactics 치고 빠지는 전술

ex. Run that report back to its source. 소문의 출처를 규명하세요.
They ran an ad in the paper. 저들은 신문에 광고를 냈습니다.
You have a run in your stockings. 스타킹 올이 풀렸어요.
His nose was running. 그는 콧물을 흘리고 있었다.
He will run for President. 그는 대통령에 입후보할 것입니다.
That's a state-run TV station. 저건 국영 TV 방송국입니다.
This engine runs on gasoline. 이 엔진은 휘발유로 작동합니다.
We ran out of patience. 우린 인내심이 바닥났습니다.

> *In a healthy nation there is a kind of dramatic balance between the will of the people and the government, which prevents its degeneration into tyranny.*
>
> 건강한 국가에서는 국민의 뜻과 국가의 뜻이 훌륭하게 조화를 이루어 독재로의 타락을 방지한다.
>
> _ 알버트 아인슈타인(Albert Einstein)

>>> Great Words

All the incentives are toward less medical care, because the less care they give them, the more money they make. 의료 혜택을 줄이고 기업의 보상이 커지는 방향으로 잡혀 있습니다. 의료 혜택을 줄이면 줄일수록 돈을 많이 버니까요. 얼리치먼의 말은 계속된다. 그런데 여기서 닉슨의 대답이 놀랍다. **Fine**좋구만. 보좌관은 한 술 더 뜬다. **The incentives run the right way**인센티브가 바른 방향으로 잡혀 있습니다. 이에 따른 닉슨의 대답은 **Not bad**괜찮군. 정말이지 죽이 잘 맞는 한 쌍이다. 닉슨과 얼리치먼의 대화를 들으면 카이저가 적극적으로 추진하고자 하는 제도는 국민들의 높은 의료 비용 부담과 낮은 의료 혜택을 의미한다는 것을 알 수 있다. 그런데 닉슨은 바로 이 다음날 의료보험 민영화 도입을 대국민 담화로 발표하는데, 그가 얼마나 **brazen**뻔뻔한하고 **immoral**비도덕적인한지 놀라울 뿐이다.

I want America to have the finest health care in the world, and I want every American to be able to have that care when he needs it. 미국이 세계 최고의 의료 혜택을 갖기 바랍니다. 그리고 모든 미국인이 최고의 의료 혜택을 필요할 때 언제든 누리길 바랍니다. **against the interest of the people**국민의 이익에 반하다 하는 제도를 추진하면서도 국민을 위한다고 **barefaced lie**새빨간 거짓말를 하는 닉슨. 녹음 내용이 증명하듯 민영보험사들이 수익을 위해 의료 혜택을 줄일 것임을 분명히 알면서도 '최고의 의료 혜택을 모든 미국인들이 누리게 하기 위한 것'이라고 대국민 사기를 친 것이다. 이 대목에서 그가 **corrupt**부패하다한 정치인으로 대통령직을 끝까지 수행하지 못하고 **resign [step down]**하야하다할 수밖에 없었던 유일한 미 대통령이란 사실을 떠올리지 않을 수 없다.

Once a crook, always a crook. 한번 사기꾼은 영원한 사기꾼. 이란 말이 있는데, 닉슨에게 딱 들어맞는 말이지 싶다. 영어로 사기꾼을 지칭하는 단어는 매우 다양하고 **colorful** 다채로운한데 그중 몇 가지만 소개하면: swindler, cheater, con man.

corrupt 부패하다한 인물이었던 닉슨은 결국 **Watergate Scandal** 워터게이트 사건로 대통령직에서 하야할 수밖에 없었다. 이 대화에 나오는 보좌관 역시 그런 면에 있어서는 뒤지지 않았는데, 결국 **conspiracy** 음모죄, **obstruction of justice** 사법방해죄 및 **perjury** 위증죄로 옥살이를 했다. **birds of a feather flock together** 유유상종이라 했던가? 부패했던 닉슨 주변에는 역시 비슷한 인물들이 맴돌았다. 닉슨은 역대 미국 대통령 중 하야의 **dishonor** 불명예를 안은 유일한 대통령인데, 이런걸 '자업자득', 영어로는 **It serves him right[He asked for it; He had it coming]**이라 한다. 그러나 미국 사람들이 닉슨에 대해 내리는 평가가 100퍼센트 부정적인 것은 아니다. **domestic affairs** 내정에 있어서는 형편없었지만 **foreign affairs** 외교에 있어서는 **normalize relations with China** 중국과 관계 정상화하다처럼 긍정적 평가를 내리는 부분도 있긴 하다.

이 기록물에 나오는 **Kaiser Permanente**는 현재도 통합의료업으로 성업 중인 민영 기업이다. 태생적으로 수익 논리에 지배될 수밖에 없는데, 그 수익을 높이는 방법은 매우 간단하다. 보험료는 많이 받고 의료 혜택을 줄이면 회사의 실적이 늘고 주가는 오른다.

SCENE # 2 THEY'RE AFRAID OF ACTING UP ||||||||||||||||||||||||||||||||||||||||||||||||||

프랑스로 간 마이클 무어는 평범한 프랑스 사람들, 의료진, 그리고 프랑스 거주 미국인들을 취재한다. 한자리에 모여 미국과 프랑스의 제도를 비교하는 이 재불 미국인들은 할 말이 많다. 그들의 말을 들어 보면….

American resident in France1   Something that I experience a lot with my own family is guilt. Guilt for being here and seeing the advantages and the benefits I have at such a young age. Things that my parents work their whole life for and haven't even come close to touching. …중략… And that seems completely unfair.

American resident in France2   One of the things that keeps everything running here is that the government is afraid of the people. They're afraid of protests. They're afraid of reactions from the people. Whereas in the States, people are afraid of the government.

They're afraid of acting up. They're afraid of protesting. They're afraid of getting out. In France, that's what people do.

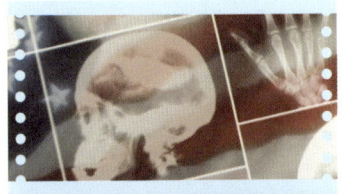
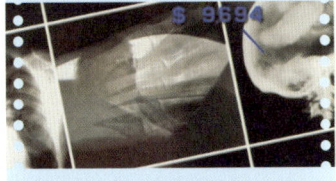

프랑스 거주 미국인1 미국의 제 가족에게는 참 미안한 마음이 들어요. 프랑스에 살면서 이렇게 젊은 나이에 이런 혜택을 받고 있는 걸 생각하면 정말 미안해요. 부모님은 평생 일을 해도 구경도 못 해보는 혜택들이거든요. …중략… 정말 불공평한 것 같아요.

프랑스 거주 미국인2 이 나라에서 가장 핵심적인 한 가지는 정부가 국민을 두려워한다는 거예요. 국민의 항의를 두려워하죠. 여기서는 국민의 반발을 두려워하는데 미국은 국민들이 정부를 두려워하죠.

미국 국민은 소란을 일으키기 두려워해요. 항의하고 이의 제기하기를 무서워하죠. 시위하는 것도 두려워하고. 프랑스에서는 그렇게들 하거든요.

Something that I experience a lot with my own family is guilt. 미국의 제 가족에게는 참 미안한 마음이 들어요. 라는 프랑스 거주 미국인. 그 이유는 가족들은 구경도 못하는 온갖 혜택을 자신이 누리고 있어서라고 속마음을 털어놓는다.

guilt	유죄, 죄의식, 자책감, 양심의 가책	**cf.** guilty 유죄의, 가책을 느끼는	
partner in guilt	공범자	**live a life of guilt** 죄 많은 인생을 보내다	
plead guilty to~	유죄를 인정하다	**plead not guilty to~** 무죄를 주장하다	

ex. He was found guilty. 그는 유죄로 밝혀졌다[판결났다].
She had a guilty look on her face. 그녀는 죄를 지은 듯한 표정이었다.
He pleaded guilty to charges of tax evasion.
그는 조세 포탈 혐의에 유죄를 인정했다.

...The (French) government is afraid of the people. They are afraid of protests. 여기는 정부가 국민을 두려워해요 국민들의 항의를 두려워하죠. 라고 그 자리에 있던 또 한 명의 **American expat**가 말을 잇는다.

American expat	(=) American resident in France 프랑스 거주 미국인
expat	expatriate의 준말. 해외 교포, 국외 추방자, 국적 상실자
	Expat community in Korea 주한 외국인사회
	Korean residents[expats] in the US 재미교포(한국 국적)
	Korean-Americans 한국계 미국인, 미국 시민권자

Whereas in the States, people are afraid of the government. 미국은 국민이 정부를 두려워하죠. 여기서 the States는 미국을 의미한다. 미국을 지칭하는 표현은 The United States of America · the USA · the United States · the US · America · the States와 같이 다양하지만 뉘앙스는 조금씩 다르다. The United States of America 는 '대한민국' 같은 공식명칭이고 the States는 '한국'처럼 자국민들이 가장 편히 부르는 이름이다. 반면 America는 주로 외국인들이 미국을 부르는 명칭이다. 말이 나온 김에 State가 포함된 유명 문장을 꼽아 보면 프랑스의 태양 왕 루이 14세Louis XIV의 **I am the state**짐은 곧 국가다가 가장 먼저 떠오른다. 불어로는 **L'Etat, c'est moi.**

state	국가, 주(州), 상태; 진술하다, 확언하다		
head of state	국가 원수	state visit	국가 원수의 공식 방문
independent state	독립국	separation of church and state	정교분리(政敎分離)
totalitarian state	전체주의국가	sovereign state	주권국가
satisfactory state	만족스런 상태	permanent state	영구적인 상태
temporary state	일시적 상태	transitional state	과도기적 상태

They (Americans) are afraid of acting up. They are afraid of protesting. They are afraid of getting out. In France, That's what people do. 미국 국민은 소란을 일으키기 두려워해요. 항의하고 이의 제기하기를 무서워하죠. 시위하는 것도 두려워하고. 프랑스에서는 그렇게들 하거든요. 이어지는 그녀의 말대로 프랑스인들은 불만이 있으면 거침없이 길거리로 나서 큰 목소리를 낸다. 심지어 일간지에 '언제 어디서 시위가 열릴 것'이란 시위 예보가 있을 정도로 시위가 잦지만 정부는 함부로 공권력을 이용해 시위대에게 폭력을 행사하지 못한다. 반면 미국은 국민에 대한 공권력의 **excessive force**과도한 폭력행위가 선진국답지 않게 잦은 것이 이슈다. 종종 뉴스에 보도되는 **police brutality**경찰의 잔혹 행위가 그 예인데, 그나마 방송을 타는 사건은 그중 일부라 생각하면 된다.

　이처럼 상반되는 두 나라의 사회적 분위기는 그들의 역사에서도 유래를 엿볼 수 있다. 프랑스는 민중이 **the French Revolution**프랑스 혁명을 일으켜 왕과 왕비를 **guillotine**단두대에서 **execute**처형하다하고 **absolute monarchy**절대왕정를 무너뜨린 역사를 가진 나라다. **hereditary monarchy**세습 군주 체제에서 **monarch**군주를 처형하는 것은 엄청난 대사건이었다. 그뿐 아니라 수년 간의 **Nazi occupation of France**나치 점령기가 끝나자마자 **nazi collaborator**친나치 인사를 대대적으로 숙청했다. 이렇게 역사를 청산해 온 민중이니 권력이 눈치를 볼 수밖에 없고, 민중에 반하는 것을 일방적으로 밀어붙이지 못한다. 이것이 가능했던 이유는 프랑스인들은 권력이나 무력에 맞서 지켜야 할 가치를 의식적, 무의식적으로 습득해 온 '文' 중심의 전통 때문이다.

　반면 미국은 '武'의 전통이 강하다. **frontier period**서부개척시대라는 독특한 형태의 무치시대가 1600년대에 시작되어 **American Civil War**남북전쟁을 거쳐 1890년대까지 300년 가까이 이어졌다. 1890년대는 이미 많은 나라들이 오랜 문치의 기간을

거친 근대시대인데, 그때까지도 서부에서는 이치와 도리를 따지기 보다는 무력으로 서열이 만들어졌다. 대중문화에서 미화된 탓도 있지만 아직도 미국 문화에는 서부시대의 legacy유산와 nostalgia향수가 짙게 남아 있다. 그래서 미국 대통령은 cowboy 복장을 한 강한 마초 사진으로 이미지 관리를 하기도 한다. 로널드 레이건Ronald Reagan과 조지 부시George Bush도 그랬다. 아닌 게 아니라 공화당의 색채가 카우보이와 더 잘 어울리기도 한다.

The pen is mightier than the sword. 펜은 칼보다 강하다.라는 명언이 있다. 에드워드 불워 리턴Edward Bulwer-Lytton이 1839년 발표한 희곡 〈Richelieu리슐리외〉에 나오는 대사로, '펜은 검보다 강하다' 즉, '문은 무보다 강하다'는 뜻이다. 이는 문 중심의 세계관인데, 문의 영향이 강한 나라에선 절대권력이라도 반민중적 행보를 지속하거나 도리에서 벗어난 행태가 임계점을 넘기면 민중이 목숨을 걸고 일어난다. 반면 '무' 중심의 세계에서는 무력 없는 자가 살아남는 방법은 복종뿐이다. 이런 기간이 오래 지속되면 될수록 민족성은 체제순응적이 된다.

이 명언의 sword라는 단어를 보면 《Chrysanthemum and the Sword국화와 칼》라는 제목의 일본문화 연구서가 떠오른다. sword와 일본과의 깊은 관계 때문일 터. 일본은 매우 기나긴 무의 통치의 역사를 가졌다. 헤이안 시대(794~1192년) 끝 무렵 시작된 무사 통치시대가 메이지시대를 거쳐 sword가 gun으로 대체된 militarism군국주의으로 이어져 2차 대전 끝까지 지속됐다. 이런 기나긴 무의 역사가 아니었다면 민주주의 체제에서 54년 일당 독주체제는 설명하기 힘들었을 것이다.

dynamics between people and power 민중과 권력 사이의 역학관계에 있어서 독재를 꿈꾸는 자라면 국민들이 체제순응적이기를 바라고 또 바랄 것이다. 그러나 **democracy**민주주의란 무엇인가? **demo**는 그리스 어원 **demos**로 **people**을, **cracy** 역시 그리스 어원 **kratos**로 **rule, government**를 뜻한다. 고로 민주주의에서 주권자는 바로 민중이고 민중이 권력을 두려워하는 게 아니라 권력이 민중을 두려워해야 진정한 민주주의가 아닌가.

mighty	강력한, 힘센　**cf.** might 힘, 권세, 권력; may의 과거형
Mighty Mouse	마이티 마우스(만화). 뜻은 '힘 센 쥐'
almighty	전능한, 만능의, 대단한　**God Almighty** 전능하신 하나님
〈Bruce Almighty〉	브루스 올마이티(영화). 뜻은 '전능한 브루스'
	ex. Might is right. 힘이 정의다.

Western Movie
BEHIND THE MOVIES

300년 가까이 이어진 미국의 서부개척시대는 1600년대부터 1860년대 발발한 남북전쟁까지의 1차 시기와 남북전쟁이 끝난 1860년대부터 1890년대까지의 2차 시기로 세분화한다. 2차 시기를 Wild West라고도 하는데, 1960년대까지 할리우드가 제작한 영화의 25%는 바로 이 Wild West 시대를 배경으로 한 Western서부극이었다. 당시 할리우드의 제작자들은 chaos무질서와 lawlessness무법, 그리고 killing and injuring살상의 그 시대를 romanticize낭만적으로 미화하다한 작품을 열심히 찍어 댔지만 이제는 해외에서 별 인기가 없는 Western 제작에 소극적이다. 비싼 제작비 때문에 미국 국내 흥행만으로는 수지타산을 맞출 수가 없기 때문.

〈Nixon 닉슨〉

When they look at you, they see what they want to be. When they look at me they see what they are.

사람들이 당신을 볼 때는 자신들이 닮고 싶은 사람을 보지만 나를 볼 때는 자신들의 모습을 본다.
(그래서 사람들이 나를 싫어하는 것이다.)

_〈Nixon닉슨〉

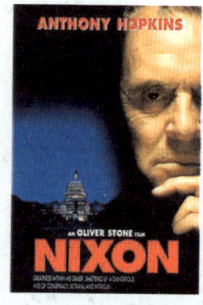

영화 〈Nixon닉슨〉에서 닉슨이 케네디 대통령의 사진을 보면서 하는 말이다.

이 영화는 38대 대통령 선거 운동이 한창일 때 민주당 후보의 사무실에 무단 침입하여 도청장치를 설치하려다 발각난 워터게이트 사건을 통해 **inferiority complex**열등감 덩어리인 닉슨 대통령의 내면을 섬세하게 그려냈다. 그리고 이를 통해 오히려 그에게 **sympathetic**동정적인 입장을 취하며, 그가 어떻게 보수우익 세력과 군부, 그리고 정보기관의 이해에 놀아난 **scape goat**희생양인지를 보여 주려 한다.

Chapter 3

우리가 살아가는 모든 이유
HOPE

#1 슬럼독 밀리어네어

#2 아이앰샘

#3 신데렐라 맨

Slumdog Millionaire

From rags to raja. It's your destiny.
인생역전. 그게 당신의 운명이야.

슬럼독 밀리어네어

〈트레인스포팅〉의 대니 보일 감독이 메가폰을 잡은 〈슬럼독 밀리어네어〉는 인도 외교관 비카스 스와루프의 데뷔 소설 《Q & A》가 원작이다. 평단의 호평을 받은 《Q & A》는 번역되어 여러 나라에 소개되었는데, 영화가 인기를 얻자 아예 책 제목을 《슬럼독 밀리어네어》로 바꾸어 출판하기도 했다. 상복이 터진 〈슬럼독 밀리어네어〉는 아카데미에서 8개 부분을, 골든글로브에서 4개 부문을, 영국 아카데미 시상식에서는 7개 부문을 석권했다.

When somebody asks me a question, I tell them the answer.
대게 질문을 하면 난 대답을 하는 것뿐이에요.

I just have some kind of gut feeling you are going to win this.
난 자네가 이길 거라는 직감이 들어.

My enemy's enemy is a friend.
내 적의 적은 내 친구인 법이지.

The Best Quotes

From rags to riches.
인생역전

This is a chance to escape, isn't it?
Walk into another life.
이건 탈출할 수 있는 기회니까, 안 그래?
다른 인생을 시작할 수 있을 테니까.

I knew I would find you in the end.
It's our destiny.
결국은 널 찾게 될 거라 믿었어.
그게 우리 운명이니까.

STORYLINE

Jamal Malik is one question away from winning 20 million rupees. How did he do it? 2천만 루피의 상금 획득까지 단 한 문제만 남겨둔 자말 말릭. 어떻게 가능했을까?

A. He cheated. 부정행위를 해서.

B. He's lucky. 운이 좋아서.

C. He's a genius. 천재라서.

D. It is written. 운명이어서.

영화가 시작되자마자 관객에게 던져진 질문이다. 그러곤 이어지는 18세 소년에게 가해지는 고문 장면. 도대체 무슨 일일까? 〈슬럼독 밀리어네어〉는 인도 뭄바이 빈민가 출신의 자말이 거액의 상금이 걸린 인도 최고의 인기 TV 퀴즈 쇼 〈Who Wants To Be A Millionaire?누가 백만장자가 되고 싶은가?〉에 출연하면서 벌어지는 이야기이다. chaiwallah차 심부름꾼에 지나지 않는 자말은 퀴즈 쇼에 출연해 exceed everyone's expectations모두의 예상을 넘어서다하며 박학다식한 의사, 변호사, 교수들도 오르지 못한 최종 단계까지 올라간다. formal education정규교육을 받지 못한 자말의 선전에 부정행위를 의심한 진행자는 그를 사기 혐의로 경찰에 넘기고, 경찰에 체포된 그는 부정행위를 자백하라고 고문당한다. 자말은 자신의 innocence무고함를 증명하기 위해 빈민가에서 태어난 후 지금까지 겪어 온 파란만장한 삶의 이야기를 풀어간다. 그리고 그가 겪어 온 삶의 고비고비가 바로 퀴즈 쇼의 정답을 맞힐 수 있는 열쇠였음이 밝혀진다. 카메라는 출제되는 각각의 질문과 정답의 실마리가 되는 자말의 지난 이야기들을 씨실과 날실처럼 교차시켜 보여 준다. 그리고 그 속에서 자말이 퀴즈 쇼에 출연한 진짜 이유도 밝혀진다.

SCENE # 1 IS THIS HEAVEN?

황망하게 엄마를 잃고 고아가 되어버린 자말과 그의 형 살림. 우여곡절 끝에 폭력배들이 이끄는 앵벌이 집단에 들어가지만 그 집단의 정체를 알게 된 후 목숨을 걸고 탈출을 감행한다. 간신히 기차 지붕에 무단으로 승차해서 이곳저곳 정처 없이 떠돌아 다니던 형제는 우연히 타지마할에 다다르는데….

Jamal   Is this heaven?

Salim   You are not dead, Jamal.

Jamal   What is it? Some hotel, huh?

Tour guide 1   The Taj Mahal is considered the finest example of modern architecture. … was completed around 1648 using the labor force of 20,000 workers.

Tour guide 2   In 1980 it became a UNESCO World Heritage Site and. …

Camera Close Up : (sign) PLEASE TAKE OFF YOUR SHOES HERE

(두 형제는 마음에 드는 말끔한 신발을 훔쳐 신는다.)

Tourist   What time is the next tour? We are on tight schedule. We have to see the Red Fort this afternoon.

Jamal   No, I…

Tourist   Would it be possible to show us around now? Obviously we understand that it costs more for just the two of us. (돈을 준다.)

Jamal   But of course madam! Please follow me. The Taj Mahal was built by Emperor Khurrama…

자말   여기가 천국이야?
살림   넌 안 죽었어, 자말.
자말   저건 뭐야? 호텔 같아, 그렇지?
관광안내원1   타지마할은 현대 건축물 중 가장 뛰어난 것으로 알려져 있습니다. …2만 명의 인력이 동원되어 1648년경에 완공되었지요.
관광안내원2   1980년에는 유네스코로부터 세계문화유산으로 지정되었고요….

    PLEASE TAKE OFF YOUR SHOES HERE 팻말을 비추는 카메라.
    (두 형제는 마음에 드는 말끔한 신발을 훔쳐 신는다.)

관광객   다음 안내 관광이 몇 시지? 우리는 시간이 별로 없는데. 오후에는 붉은 요새를 보러 가야 해서.
자말   아니, 저는….
관광객   지금 안내해 줄 수 있을까? 우리 둘만 하는 거니까 비용이 더 든다는 건 알고 있어.
    (돈을 준다.)
자말   당연히 가능하죠! 부인, 저를 따라오세요. 타지마할은 쿠라마 황제가 지은 것인데….

---

architecture 건축물   **complete** 완성하다, 끝마치다   **labor force** 인력   **show around** 안내하다, 보여주다   **obviously** 명백히, 분명히

Is this heaven? 여긴 천국이야? 질문하는 자말. 빈민가를 떠돌던 소년의 눈에 타지마할은 천상의 아름다움으로 다가온다. 그리고 관광객으로 붐비는 타지마할 입구에서 자말은 in the confusion of the moment 얼떨결에 관광안내원의 설명을 듣게 된다. **The Taj Mahal was com-pleted around 1648 using the labor force of 20,000 workers... In 1980 it became a UNESCO World Heritage Site and...** 타지마할은 2만 명의 인력이 동원되어 1648년경에 완공되었지요…. 1980년에는 유네스코로부터 세계문화유산으로 지정되었고요….

> **UNESCO** | 유엔 교육과학문화기구. United Nations Educational, Scientific and Cultural Organization의 약자. 유네스코는 인류의 소중한 문화 및 자연유산을 보호하기 위해 세계문화유산을 지정한다. 우리나라에서는 한글과 수원의 화성 등이 세계문화유산으로 지정되었다.
> **ex.** UNESCO's Memory of the World Programme designated Hangeul as a global documentary heritage in October 1997. 유네스코는 1997년 10월 한글을 세계기록유산으로 지정했다.
> Hwasong Fortress is a UNESCO World Heritage Site. 수원 화성은 유네스코에 등록된 세계문화유산이다.

PLEASE TAKE OFF YOUR SHOES HERE. 이곳에 신발을 벗어주십시오. 그 와중에 이렇게 쓰인 팻말과 함께 바닥에 가지런히 벗어 놓은 관광객들의 신발이 두 소년의 눈에 들어온다. 맨발의 두 형

제는 여기서 마음에 드는 말끔한 신발을 훔쳐 신는다. 살림은 하얀 운동화를, 자말은 말끔한 구두를. 그리고 자말은 멋진 구두를 신고 타지마할 입구에 선다.

What time is the next tour? We are on tight schedule. 다음 안내 관광이 몇 시지? 우리는 시간이 별로 없는데. 말끔한 구두를 신고 GUIDED TOURS 팻말 옆에 서 있는 자말을 tour guide관광안내원로 착각한 관광객이 묻는다. 자말은 안내원이 아니라고 밝히려 No, I...하는데, 관광객은 we understand that it costs more for just the two of us 우리 둘만 하는 거니까 비용이 더 든다는 거 알고 있어라며 돈을 건넨다.

tight	딱 붙는; (고정 상태가) 단단한; 단호한, 빠듯한		
tight sweater[pants]	꼭 끼는 스웨터[바지]	tight schedule	빡빡한 일정
tight-lipped	입을 굳게 다문, 입이 무거운	tight race	접전, 비등한 경주
tight-fisted	인색한	sleep tight	푹 자다
tight situation	힘든 상황		

But of course madam! Please follow me. 당연히 가능하죠! 부인, 따라오세요. 돈을 보고 눈이 번쩍 뜨인 자말은 방금 주워들은 타지마할에 대한 정보와 자신의 상상력을 동원해서 엉터리 가이드 역할을 한다. 눈여겨 볼 것은 이 incident사건 이후 자말의 인생에 긍정적 변화가 일어난다는 것. 타지마할에 터를 잡고 엉터리 가이드와 사진기사 노릇을 하며 돈을 벌고, 한편으론 관광객들의 신발을 훔쳐다가 **American brand!**미제요! 미제!라고 팔아 추가 수익을 올린다. 이렇게 여유가 생기자 자말은 뭄바이로 돌아와 첫사랑 라티카를

찾아 나선다. 그러다 우연히 앵벌이 집단에서 함께 지냈던 아빈드를 만나 동정심에 미화 100달러를 준다. 돈을 준 건 사소한 에피소드처럼 보이지만 자말은 아빈드에게서 두 가지 큰 선물을 받게 된다. 하나는 **information on Latika's whereabouts**라티카의 행방에 대한 정보, 또 하나는 몇 년 후 퀴즈 쇼에서 100만 루피가 달린 질문에 대한 정답.

On an American one hundred dollar bill, there is a portrait of which American statesman? 미화100달러에 미국의 어떤 정치가의 초상화가 그려져 있는가? 자말은 100만 루피가 달린 이 질문을 받고 아빈드와의 만남을 떠올린다. 앵벌이 두목에 의해 시력을 잃은 아빈드는 앞을 보지 못하는 대신 각 지폐에 누구의 **portrait**초상화가 그려졌는지 다 외우고 있었고, 자말에게 100달러에 그려진 초상화의 주인공을 정확히 알려 주었다. 정답은 미국의 6대 대통령, 벤자민 프랭클린Benjamin Franklin. 자말은 그날의 강렬한 기억을 가슴속에 간직하고 있었다. **How could he forget?**아니 어떻게 잊을 수 있었겠는가?

bill	지폐; 계산서, 청구서; William의 애칭
utility bill	공공요금 (가스, 전기, 수도 등의 사용 요금)
two one dollar bills	1달러 지폐 2장 (=) two singles (1달러 지폐를 single이라고도 함)
a[one] ten dollar bill	10달러 지폐 1장 five five dollar bills 5달러 지폐 5장
Bill Clinton	전 미 대통령. 본명은 William Jefferson Clinton

자말에게 찾아온 행운의 **chain reaction**연쇄반응의 단초는 **shoe**신발다. 자말은 말끔한 구두의 주인이 됨으로써 엉터리나마 가이드로 돈을 벌고, 라티카와 재회하고, 또 몇 년 후 참가하게 될 퀴즈 쇼 질문의 정답까지 얻는다. 여기서 두 소년과 타지마할

BEHIND THE MOVIES

Shoe Is On The Other Foot Now. 형세는 역전되었다.
2005년 4월 한 미국 신문에 실린 기사 제목이다. 주인공은 유명 골퍼 비제이 싱(Vijay Singh)과 필 미켈슨(Phil Michelson). 싱은 매스터스 게임에서 미켈슨이 부적절한 골프화로 반칙을 했다고 주최측에 고발했다. 확인 결과 미켈슨은 결백한 것으로 밝혀졌지만, 이 일로 오히려 싱이 20년 전 인도네시아 오픈에서 스코어 카드를 조작하는 반칙을 저질러 탈락했던 어두운 과거가 드러나 버렸다. 자신이 1위를 달리고 있는 상황에서 과도한 승부욕으로 필 미켈슨을 궁지로 몰려다 거의 잊혀졌던 자신의 전적을 들추어내는 **make a bad move**악수를 두다한 것. 이렇게 역풍을 맞게 된 싱을 두고 언론은 Shoe is on the other foot now라고 조롱한 것.

의 첫 만남을 돌이켜보자. 먼저 카메라는 타지마할을 배경으로 두 소년의 맨발을 클로즈업한다. 그리고 곧이어 자말의 말끔한 구둣발을 보여 주는데 자말의 **shoes**는 다름 아닌 **foreshadowing**복선이고, 그의 신상의 변화와 맞물려 돌아간다.

shoes는 '신발' 외에 '경제[사회]적 지위, 입장, 관점'이라는 의미를 갖는다. 그래서 인지 **shoes**가 포함된 숙어가 많다. 헌데 신상이나 상황 변화가 '신발'과 어떤 관련이 있다는 건 **this isn't only in the English language**영어에만 국한된 얘기가 아니다. 신데렐라만 봐도 **thanks to her crystal shoes**유리 구두 덕에 인생 대역전극을 펼치게 됐다. 그녀의 신발 사이즈가 미국으로 치면 4 1/2, 우리나라로 보면 약 225mm 정도라는 설이 있다. **Believe it or not**믿거나 말거나. 사실 우리나라에도 신발은 특별한 의미가 있는 듯하다. '고무신 거꾸로 신다'라는 표현도 있고, 또 구두를 선물하면 신고 도망간다는 속설도 있는 걸 보면.

shoe	신발, 구두; 경제[사회]적 지위; 입장, 관점
He is a shoe-in.	그는 적임자다.　**in someone's shoes** 누구의 입장이 되어
another pair of shoes	전혀 다른 일
fill someone's shoes	(=) step into someone's shoes 누구를 대신하다
〈In Her Shoes〉	카메론 디아즈 주연의 영화 제목. 우리나라 개봉 제목은 〈당신이 그녀라면〉
	ex. No one can fill your shoes. 아무도 당신을 대신할 수 없습니다.
	Put yourself in my shoes. 제 입장이 되어 보세요.
	Victor is ready to step into his father's shoes.
	빅터는 아버지의 뒤를 이을 준비가 되어 있습니다.
	The shoe is on the other foot. 상황은 역전되었다.

> **Great Words**
>
> Though I am grateful for the blessings of wealth, it hasn't changed who I am. My feet are still on the ground. I'm just wearing better shoes.
> 나는 부의 축복에 감사한다. 허나 그것이 나를 바꿔 놓지는 않았다. 내 발은 아직 땅에 닿아 있다. 단지 더 좋은 신발을 신고 있을 뿐이다.
> _오프라 윈프리(Oprah Winfrey)

SCENE # 2 FROM RAGS TO RAJA. IT'S YOUR DESTINY

드디어 퀴즈 쇼에 출연한 자말. 자신의 인생역정을 떠올리며 한 단계식 문제를 풀어 나가다 크리켓 문제에서 난관에 부딪힌다. 마침 시작된 광고 시간. 자말에게 잠깐의 휴식이 주어진다. 화장실에서 진행자는 자신 없어 하는 자말에게 의미심장한 메시지를 남기는데….

Host Time for commercial break, ladies and gentlemen. I know, I can't stand the tension, either. We'll be right back.

(화장실에서 자말에게)

Host A guy from the slums becomes a millionaire overnight. You know who's the only other person who's done that? Me. I know what it feels like. I know what you're being through.

Jamal I'm not going to become a millionaire. I don't know the answer.

Host You said that before.

Jamal Really, this time I don't.

Host Come on, you can't take the money and run now. You are on the edge of history, kid.

Jamal I don't see what else I can do.

Host Maybe it's written my friend. I just have some kind of gut feeling you are going to win this. Trust me, Jamal. You are gonna win.

(진행자는 거울에 B라고 오답을 써놓는다.)

Host Do the right thing in approximately 3 minutes. You'll be as famous as me. And as rich as me. Almost. From rags to raja. It's your destiny.

진행자 여러분, 광고 시간을 갖겠습니다. 네, 압니다. 저 역시 긴장감을 참기 어렵습니다. 광고 후 곧 돌아오겠습니다.

(화장실에서 자말에게)

진행자 하룻밤 사이에 빈민가 거지가 백만장자가 되다.
자네 말고 그걸 이룬 유일한 사람이 누군지 아나? 바로 나.
난 어떤 기분인지 잘 알아. 자네 마음이 어떤지 안다고.

자말 전 백만장자가 안 될 거예요. 답을 몰라요.

진행자 전에도 그런 말을 하더니.

자말 이번에는 정말로 몰라요.

진행자 지금 와서 돈 챙기고 튀면 안 되지. 넌 역사적인 순간에 바싹 다가섰어.

자말 어떻게 해야 할지 모르겠어요.

진행자 답이 쓰여 있을지도 모르지. 난 자네가 이길 거라는 직감이 들어. 날 믿어, 자말. 넌 이길 거야.

(진행자는 거울에 B라고 오답을 써놓는다.)

진행자 약 3분 후 올바른 결정을 내려 봐. 그러면 나만큼 유명해지고 거의 나만큼 부자도 될 수 있어. 인생역전, 자네의 운명이지.

commercial 광고 **tension** 긴장 **slum** 빈민가 **on the edge of~** 막 ~ 하려는 순간에, 가장자리에 **gut feeling** 육감, 직감 **approximately** 약, 대략

Time for commercial break.... We'll be right back. 광고 시간을 갖겠습니다. … 곧 돌아오겠습니다. 문제를 잘 풀어가던 자말은 cricket크리켓 관련 문제에서 딱 걸리고 마는데 때마침 commercial break광고 방송을 위한 짧은 휴식시간을 갖게 된다.

commercial	광고; 상업상의, 통상의, 영리적인, 돈벌이가 되는
TV commercial	TV 광고　　radio commercial 라디오 광고
	참고로 CF는 콩글리시. commercial film의 앞머리 글자를 따온 듯.
commercial success	영리면에서의 성공　commercial transaction 상거래
	ex. They found oil in commercial quantities.
	채산성이 맞는 양의 석유를 발견했다.
	He did a milk commercial. 그는 우유 광고를 했다.

A guy from the slums becomes a millionaire overnight. You know who's the only other person who's done that? Me. 하룻밤 사이에 빈민가 거지가 백만장자가 되다. 자네 말고 그걸 이룬 유일한 사람이 누군지 아나? 바로 나. 화장실에서 자말에게 진행자가 말을 건다. 알고 보니 진행자 역시 빈민가 출신인 게다. 그는 정답을 몰라 고민하는 자말에게 **You are on the edge of history, kid**자넨 역사적인 순간에 바싹 다가섰어라며 여기서 포기하지 말라고 부추긴다.

edge	가장자리, 날, 모서리, 날카로움, 격렬함, 유리한 입장(advantage), 우세
on the edge of~	~의 가장자리에, ~하려는 찰나에　competitive edge 경쟁력
cutting edge	최첨단, 선두
	cutting edge[state-of-the-art] technology 최첨단기술
edge over~	~에 대해 우위　double-edged sword 양날의 칼
	ex. They possess a technological edge over their competitors.
	그들은 경쟁상대에 비해 기술적 우위를 가지고 있다.
	His remarks lacked edge. 그의 발언에는 박력이 없었다.
	It is a double-edged sword. 이는 양날의 칼이다.

I just have some kind of gut feeling you are gonna win this. 난 자네가 이길 거라는 직감이 들어. 라고 진행자는 계속 도전하라고 부추기는데 그가 화장실을 나간 후 자말은 거울을 보다가 놀란다. 왜냐면 진행자가 퀴즈의 답을 B라고 거울에 써놓고 나갔기 때문. 그런데 사실 그는 자말이 틀리기를 바라며 일부러 incorrect answer 오답를 써놓은 것이다. 그가 자말을 탈락시키고자 한 이유는 단순히 부정행위를 의심했기 때문일까 아니면 장하준 교수의 책 제목처럼 일종의 《Kicking Away the Ladder 사다리 걷어차기》였을까?

gut	소화기관, 창자, 내장; 용기, 배짱, 근성
gut feeling	뱃속의 느낌, 즉 '직감' cf. gutsy 용감한, 대담한, 힘찬, 간 큰
spill one's guts	(아는 것을) 모조리 털어놓다, 밀고하다
discuss the gut issues	근본적인 문제를 논의하다

ex. He has guts[no guts]. 그는 배짱이 있다[없다].
I didn't have the guts to tell her the truth.
나는 그녀에게 진실을 말할 용기가 없었다.

Kicking Away the Ladder 사다리 걷어차기

BEHIND THE MOVIES

뮈르달 상 수상작인 《사다리 걷어차기》는 케임브리지 대학 장하준 교수의 저서다. 레온티에프 상 수상자인 장 교수는 이 책에서 보호무역주의로 성장한 선진국들이 자신들만의 이익을 위해 자신들이 밟고 올라왔던 발전 경로를 개도국이나 후진국이 따라오지 못하도록 방해한다고 즉, 사다리를 차버린다고 고발한다. 여기서 ladder는 국가의 발전 경로를 뜻한다.

From rags to raja. It's your destiny. 인생역전, 자네의 운명이지. 녹화가 시작되기 전, 진행자는 자신이 알려준 오답을 말하라고 자말을 유혹한다. 자신이 알려준 답을 말하면 자기만큼 유명해지고 부자도 될 수 있다고.

from rags to raja (=) from rags to riches(원래 표현). 배경이 인도라 raja(인도의 왕/영주)라 한 것임. 가난뱅이에서 부자가 된, 급속히 출세한. 로또 광고에 쓰이는 문구인 '인생역전'이란 의미로도 손색이 없다.

Rags-to-Riches Celebrities

Rags-to-Riches Celebrities 인생역전에 성공한 유명인는 《The Forbes》지에 실린 기사 제목인데, 오프라 윈프리Oprah Winfrey, 짐 캐리Jim Carrey, 톰 크루즈Tom Cruise, 셀린 디온Celine Dion 등 여러 유명인사들이 소싯적 어려움을 극복하고 인생역전에 성공했다는 내용이다.

Rags to Riches가 기사 제목으로 쓰인 다른 예를 보면, 〈Rags to Riches 인생역전〉가 있다. 《The Sun》지에 나온 기사로 "Doorman wins US$ 5million and keeps his job 500만 달러 복권에 당첨된 도어맨 직장 계속 다닐 것"이라는 내용이다.

그런데 이와 반대로 Riches to Rags의 경우도 있다. 실제 기사 제목은, 〈From Rags To Riches, Back To Rags 인생역전했다가 다시 거지로〉인데 로또 당첨자가 돈을 흥청망청 다 써버리고 완전히 거덜났다는 내용이다.

그뿐 아니다. 〈Rags to riches and back again 인생역전 성공했다가 다시 빈털터리로〉는

《The Daily Mail》지의 기사 제목으로 "lottery winner John McGuinness saw his investment in Livingston FC turn sour복권 당첨자 존 맥기네스가 리빙스턴 축구팀에 당첨액을 투자했다 날렸다"는 안타까운 내용이다.

riches to rags와 비슷한 표현으로 reversal of fortune행운의 반전이 있다. 실제로 〈Reversal of Fortune행운의 반전〉이라는 제목의 영화도 있는데 재벌 상속녀 서니 폰 블로우Sunny von Bulow와 그녀의 살인미수 혐의를 받은 남편 클라우스 폰 블로우Claus von Bulow를 둘러싼 사건과 법정 다툼을 그린 실화 영화다. 주연은 글렌 클로즈Glenn Close와 제레미 아이언스Jeremy Irons. 이 영화로 제레미 아이언스는 아카데미 남우주연상을 수상했다.

영화의 실제 인물인 서니 폰 블로우는 1980년 12월 was found unconscious의식을 잃은 상태로 발견되었다. 그 후 spent 28 years in a state of coma28년간 혼수상태로 지내다 한 후 2008년 12월 사망했다. 재물이 너무 많아 오히려 불행했던 여인이었다.

SCENE # 3 BECAUSE I'M A SLUMDOG, A CHAIWALLAH, I'M A LIAR, RIGHT?

퀴즈 쇼 진행자는 우승까지 딱 한 문제만을 남겨둔 자말을 사기 혐의로 경찰에 넘긴다. 영문도 모른 채 체포된 자말은 부정행위를 실토하라는 경찰에게 밤새 고문당한다. 자말은 정답을 알게 된 경위를 설명하기 위해 자신의 드라마틱한 삶의 순간들을 말해 주게 되고, 결국 경찰은 자말이 정직하다는 사실을 인정하게 된다.

Inspector It is bizarrely plausible, and yet.

Jamal Because I'm a slumdog, a chaiwallah, I'm a liar, right?

Inspector Most of you are. But you are not a liar, Mr. Malik. That's for sure. You are too truthful. We are done.

Jamal I don't know where they've taken her. Latika. I went on the show because I thought she would be watching.

(자말의 예상대로 라티카는 TV 뉴스에서 퀴즈 쇼 스타가 된 자말에 대한 보도를 보고 있다.)

TV reporter Jamal Malik, an uneducated 18-year-old boy from the slums of Mumbay…

---

bizarrely 기이하게, 이상하게 **plausible** 그럴듯한 **chaiwallah** 차 심부름꾼 **uneducated** 교육 받지 못한

경위 묘하게 그럴싸하긴 한데.
자말 내가 빈민가 출신에 차 심부름꾼이라 거짓말쟁이라는 거죠?
경위 대부분은 그래. 허나 말릭 군 당신은 거짓말쟁이가 아냐. 그건 확실해. 오히려 지나치게 정직해. 조사는 끝났어.
자말 그녀를 어디로 데려갔는지 몰라요. 라티카 말이에요. 퀴즈 쇼에 출연한 건 라티카가 보고 있을 거라 생각했기 때문이에요.

(자말의 예상대로 라티카는 TV 뉴스에서 퀴즈 쇼 스타가 된 자말에 대한 보도를 보고 있다.)

TV 기자 뭄바이 빈민촌 출신에 정규교육을 받은 적이 없는 18세의 자말 말릭 군은….

It is bizarrely plausible, and yet. 묘하게 그럴싸하긴 한데. 자말의 짧지만 굴곡 많은 인생 이야기를 들은 경위는 정답의 열쇠가 자말의 삶에 녹아 있음을 알게 된다. 정직함을 인정 받은 자말은 이제 경찰서에서 풀려나면 최고 상금이 걸린 문제에 도전하게 된다. 이때까지 의사, 변호사, 교수, 그 누구도 다다르지 못한 단계까지 올라간 것이다.

Because I'm a slumdog, a chaiwallah, I'm a liar, right? 내가 빈민가 출신의 차 심부름꾼이라 거짓말쟁이라는 거죠? 자말은 사람들이 자신을 의심하는 이유는 그가 빈민가 출신의 차 심부름꾼이기 때문이란 걸 잘 알고 경위에게 되묻는다. **chaiwallah**의 사전적 의미는 **tea vendor**. 차를 많이 마시는 인도에서 쓰는 말인데 길거리에서 차를 파는 사람이나 회사나 기관등의 차 심부름꾼을 **chaiwallah**라 부른다. **chai**의 어원은 차茶이고 **wallah**는 인도어로 '~일을 하는 사람, ~담당원'이다. 조선시대 다모茶母의 남자 버전과 유사하다 봐도 무리 없겠다.

dog	개; 구어체로 사내, 놈; 시시한 녀석; 매우 못생긴 여자		
slumdog	빈민가 아이 [사내]	cf. slum=ghetto, 빈민가	
lucky dog	운 좋은 녀석	**guide [seeing eye] dog**	맹인 안내견
dirty dog	비열한 녀석	**top dog**	최고 권력자, 승자
underdog	약자, 약체	**purebred dog**	혈통이 좋은 개
mongrel	잡종견	**watchdog, guard dog**	경비견
puppy	강아지	cf. puppy love 풋사랑	

Speaking of dogs... 개 이야기가 나온김에… 개와 관련된 표현들을 짚어 보면 **small dog complex**라는 흥미로운 표현이 있는데, 이는 작은 개가 큰 개들 사이에서 기죽지 않으려고 지나치게 사납게 짖어대는 모양에서 나온 표현으로, 사람에게 사용할 경우에는 **inferiority complex**열등감를 의미한다. 그래서 **He has a small dog complex**는 "그는 열등감에 젖어 있다"이다. 작은 개가 사납게 짖듯이 쓸데없이 권위를 내세우는 사람들의 경우 대부분의 원인은 열등감을 숨기기 위한 허세라 한다. 여하간 필자가 만나본 여러 외국배우 중 톰 크루즈Tom Cruise, 윌 스미스Will Smith, 대니얼 래드클리프(해리 포터)Daniel Radcliffe, 로버트 패틴슨Robert Pattinson, 사라 제시카 파커Sarah Jessica Parker 등 특A급인 배우들은 상대를 많이 배려해주고 예의 바

르고 언행도 부드러워서 같이 일하기 즐거웠다. 일에 있어서는 **small dog complex**가 없어서 그런가 보다. 여하간 영어에는 개와 관련된 표현이 참으로 다양하게 있다. 일부만 정리해 보면,

every dog has his day.	쥐구멍에도 볕들 날이 있다. (proverb 속담)
let sleeping dogs lie.	긁어 부스럼 만들지 마라. (proverb 속담)
work like a dog	매우 열심히 일하다. 우리나라의 '소같이 일하다'와 유사
dog-eat-dog	사리사욕만 추구하는, 아귀다툼하는, 철저히 이기적인
go to the dogs	나빠지다, 퇴보하다, 타락하다, 퇴화하다, 몰락하다
dog-ear	책장의 모서리를 접다 (아래로 처진 개의 귀처럼 생겨서)
dogie bag[doggy bag]	식당에서 손님이 먹다 남은 음식을 넣어주는 봉지
dog days (of summer)	무더운 여름날, 삼복더위. 무더위가 Dog Star라고도 불리는 Sirius, 즉 천랑성(天狼星)와 관련 있다는 믿음에서 나온 표현

ex. It's a dog-eat-dog world. 지금은 살벌한 세상이다.
This neighborhood is going to the dogs.
동네가 점점 나빠지고 있다.
Look at these dog-eared pages. 접힌 페이지를 보세요.
Can I have a dogie[doggy] bag? 이 남은 음식 좀 싸 줄래요?

Dog Star, Sirius

《해리포터》에도 개와 관련된 표현과 인물이 등장한다. 해리의 든든한 Godfather대부이자 죽은 해리 아버지의 절친한 친구인 Sirius Black시리우스 블랙. 마법을 이용해 Big Dog 큰 개으로 변신하는 그의 Sirius라는 이름에도 뜻이 있다. Sirius는 바로 큰개자리의 알파별 이름이다.
한편 심술로 똘똘 뭉친 Malfoy말포이는 마법사와 보통사람들 사이에서 태어난 혼혈인을 mongrel이라고 비하한다. 사람을 mongrel이라 부르는 건 매우 insulting 모욕적인 언사다. 이런 디테일은 정의로운 주인공 해리의 foe적인 말포이의 캐릭터를 잘 살려주긴 한다.

DIRECTOR'S CUT

〈Slumdog Millionaire〉의 대성공과 그림자…

I am not a dog. 난 개가 아니다!
I am poor, but don't call me a slumdog. 가난하다고 개라고 부르지 말라!
Don't call us dogs. 우리를 개라고 부르지 말라!
I am not a slumdog! 난 슬럼독이 아니다!
I am not a slumdog, I am the future of India. 난 슬럼독이 아니라 인도의 미래이다!
Poverty For Sale! 빈곤을 팝니다!

〈Slumdog Millionaire〉는 흥행과 작품성 두 마리 토끼를 잡으며 크게 성공했지만 정작 영화의 배경인 인도 뭄바이의 빈민촌 사람들은 분기탱천하여 위와 같은 피켓을 들고 길거리 시위에 나섰고 일부 격분한 시위대는 심지어 이 영화를 상영하는 영화관을 공격하고 ransack약탈하다하기까지 했다. 가장 큰 이유는 모욕적인 제목 때문이다.

영화 제목의 dog이라는 말에 인도인들이 분노한 이유는 과거 영국 식민지 시대에 영국 사람들이 인도 사람들을 dog이라고 비하해 불렀던 아픈 기억을 다시 상기시키기 때문이다. 게다가 이 영화는 영국 영화에다가 감독도 영국 사람인 대니 보일이니 그냥 지나치기엔 너무 상처가 깊고 아프기 때문이다. 시위대의 목소리를 들어보면 그들의 심정이 이해가 간다.

〈Quiz Show 퀴즈 쇼〉

Some rise by sin and some by virtue, fall.
죄로 흥하는 자도 있고 덕으로 망하는 자도 있다.   〈Quiz Show 퀴즈 쇼〉

원래는 셰익스피어 작품 속 대사인데 영화에서 인용한 것이다. 〈Slumdog Millionaire 슬럼독 밀리어네어〉에서 정직한 자말이 비천한 배경 때문에 사기꾼으로 몰렸다면, 그와 정반대의 상황을 그려낸 영화가 있다. 바로 로버트 레드포드 감독에 랄프 파인즈 주연의 〈Quiz Show〉. TV 퀴즈 쇼 조작 사건을 그린 〈Quiz Show〉에서 연출자는 시청률을 더 높이기 위해 출연자 중 가장 배경이 좋고 훈남인 찰스 밴 도렌 Charles Van Doren과 공모하여 그가 연승을 이어가게끔 퀴즈 쇼를 조작한다. 시청자들은 이 멋진 출연자에게 매료당하고 시청률도 승승장구하나 결국 한 탈락자의 고발로 사기극이 탄로난다. 정말 놀라운 건 이 작품이 픽션이 아니라 실화라는 것.

1950년대 당시 퀴즈 쇼〈Twenty-one〉에 컬럼비아대 교수 찰스 밴 도렌이 출연을 하면서 사기극은 시작되었다. 그의 부친은 퓰리처 상 수상자인 시인 마크 밴 도렌, 모친은 소설가 도로시 밴 도렌이었다. 연출자가 답을 미리 알려 줘 퀴즈 쇼 장수 챔피언이 되면서 큰 인기를 얻은 밴 도렌은 《Time》지 커버에도 실리고 돈도 많이 벌고 수백 통의 팬레터를 받는 유명인사가 되었다. 그에게 홀딱 반했던 미국 사회는 퀴즈 쇼가 사기로 드러나자 큰 충격에 휩싸였다. 자말이 불우한 환경 탓에 의심을 받았다면, 밴 도렌은 좋은 배경 덕에 조작을 하고도 아무런 의심도 받지 않았다니 참 아이러니다. 우리는 어떤 사람이나 사건의 본질보다는 그것을 감싸고 있는 상황과 조건에 Pavlov's Dog 파블로브의 개처럼 conditioned reflex 조건반사하고 있는지도 모른다. 어쩌면 우리는 slumdog은 아닐지 몰라도 Pavlov's Dog에 가까울지 모른다.

I Am Sam

It is clear that one's intellectual capacity has no bearing on their ability to love.
지적 능력이 곧 사랑의 능력을 저울질하는 척도는 아닙니다.

아이 앰 샘

지적 장애가 있지만 딸 루시에 대한 사랑만큼은 누구에게도 지지 않는 샘 도슨. 자신의 처지가 당국에 알려져 딸을 잃을 위기에 처한 그가 딸을 지키기 위해 고군분투하는 과정을 그렸다. 마돈나의 전 남편이자 연기파 배우인 숀 펜이 딸에 대한 지극한 사랑을 지닌 샘 역할을 맡았고, 미셸 파이퍼가 샘의 변호사 리타 해리슨으로 출연했다. 샘의 영리한 딸 루시로 출연한 다코타 패닝은 이 작품으로 일약 아역 스타로 떠올랐다.

I have had a lot of time to think about what it is that makes somebody a good parent and it's about constancy and it's about patience, and it's about listening and it's about pretending to listen even when you can't listen anymore.

좋은 부모란 어떤 건가 오랜 시간 생각했어요. 그건 한결같은 것, 오래 참는 것, 그리고 아이의 말을 들어주는 거예요. 더이상 들을 수 없을 때에도 듣는 척 하는 거예요.

I can go at least another nine rounds.

난 계속 싸울 힘이 많이 남아 있어요.

The Best Quotes

I worry that I have gotten more out of this relationship than you.

우리 관계에서 내가 당신보다 더 많은 걸 얻는 게 아닌가 고민 돼요.

I want no other daddy but you.

난 아빠 아닌 다른 아빠는 싫어요.

All you need is love.

오로지 필요한 건 사랑뿐이에요.

STORYLINE

커피전문점에서 허드렛일을 하며 살아가는 샘. 지능이 7살 수준밖에 안 되는 그에게는 딸 루시가 유일한 혈육이자 희망이다. 남들이 어떻게 생각하든 샘과 루시는 서로 아끼며 행복하게 살아간다. 그런데 초등학교에 다니면서 아빠의 지능을 추월해버린 루시가 더 이상 학습을 거부하면서 두 사람의 평화로운 일상에 그림자가 드리운다. 학교측이 **Department of Children and Family Services**아동보호국에 이들의 상황을 알리게 되고 샘은 아버지로서 양육 능력이 없다는 선고를 받게 된 것이다.

결국 루시는 아동보호시설로 옮겨지고 주 2회의 면회만을 허락 받은 샘은 세상에서 가장 사랑하는 딸을 되찾을 결심을 굳히고 유능하지만 냉정한 변호사 리타를 찾아간다. 리타는 속으로는 샘이 너무도 귀찮지만 인정 많은 사람인 척 허세를 부리다 얼떨결에 샘의 변호를 맡고 만다. 그것도 **pro bono**무료로. 그러나 아무리 뛰어난 변호사의 힘을 빌린다 해도 샘이 양육권을 얻을 가능성은 낮다. 샘이 훌륭한 아빠라는 것을 입증해 줄 수 있는 유일한 증인으로 이웃에 사는 애니가 증언대에 서지만 상대 변호사는 외출공포증을 겪고 있는 애니의 정신병력을 파고들며 매섭게 추궁한다. 모든 상황은 샘에게 불리하게만 돌아가는데 과연 샘은 루시를 다시 되찾을 수 있을까?

pro bono	라틴어 pro bono publico(공익을 위한 무료 봉사)의 준말
pro bono legal services	(=) free legal services 무료 법률 서비스
	어느 나라든 법률 용어는 괜스레 어렵다. 이는 집단의 권위를 높이고 이익을 지키는 데 도움이 되기 때문. 옛날에는 '읽기와 쓰기'가 지배 계층의 특권이었다는 것과 비슷한 맥락이다. 이런 문제점을 인식한 전 클린턴 대통령은 재임시 법률 용어를 쉬운 말로 바꿔 쓰라는 공개 권고를 했다. 구체적인 예로 utilize 대신 use를 쓰라는 것

SCENE #1 CROSS FINGERS

Custody Hearing양육권 심리이 열리고, 루시가 증언을 할 차례가 왔다. Department of Children and Family Services아동보호국 측의 변호사인 터너가 루시에게 질문을 던진다.

Turner   Now that we have all agreed to tell the truth… Where were you sleeping last night?

Lucy   In my bed at the foster home. (루시는 말하는 내내 등 뒤에 손가락을 꼬고 있다.)

Turner   If you're not going to tell the truth, I am. Your dad kidnapped you last night.

Rita   Objection. Kidnapped?

Judge   Sustained.

…중략…

Turner   You're lying because you're afraid.

Rita   Objection. He's putting words in her mouth.

Judge   Sustained. Please limit yourself to questions, Mr. Turner.

터너   사실대로 말하겠다고 약속했으니까… 어젯밤에 어디서 잤지?

루시   수양부모님 집 제 침대에서요. (루시는 말하는 내내 등 뒤에 손가락을 꼬고 있다.)

터너   네가 사실대로 말하지 않겠다면 내가 말하지. 어젯밤 아빠가 너를 납치했어.

변호사   이의 있습니다. 납치라뇨?

판사   인정합니다.

…중략…

터너   너는 겁이 나서 거짓말을 하는 거야.

리타   이의 있습니다. 원하는 답을 억지로 강요하고 있습니다.

판사   인정합니다. 터너 씨, 질문만 하도록 하세요.

Where were you sleeping last night? 어젯밤에 어디서 잤지?라고 추궁하는 터너. 바로 전 날 루시가 Department of Children and Family Services의 허락 없이 샘과 무단 외출을 했다가 새벽이 되어서야 돌아온 사실을 알고 있다. 루시는 in my bed at the foster home 수양부모님 집 제 침대에서요 이라고 깜찍하게 거짓말을 한다. foster home은 부모를 대신해 미성년자를 임시로 맡아서 키워 주는 위탁 가정을 말한다. 미국에는 가정 내 아동학대, 부모의 정신질환 등 여러 이유로 친부모가 미성년 자녀를 제대로 양육할 상황이 아니라는 객관적 평가가 내려질 경우 아동보호국에서 친부모를 대신해 아이들을 맡아줄 가정, 즉 foster home을 찾아 준다. 무료가 아니라 정부 지원금을 받고 일정 기간 동안 맡아 키워 주는

것이므로 adoption 입양과는 다르다. 친부모의 상황이 호전되어 자녀 양육에 적합하다는 판단이 내려지면 아이는 친부모에게 돌아갈 수 있다. 예컨대 영화 〈Terminator 2 터미네이터 2〉에서 미래 인류의 지도자로 성장하게 되는 존 코너도 엄마가 정신병자로 몰려 정신병동에 갇혀 있는 동안 foster home에서 자란다.

foster home 위탁 가정 **kidnap** 납치하다 **objection** 반대, 부정, 이의; 이의 있습니다 **sustain** 유지하다, 부양하다, 승인하다, 확인하다 **limit** 한정하다, 제한하다; 한계

Your dad kidnapped you last night. 어젯밤 아빠가 너를 납치했어. 라며 터너가 거짓말 하는 루시를 몰아 붙이자 다급해진 리타가 **Objection. Kidnapped?** 이의 있습니다. 납치라뇨?라고 끼어든다. **Objection** 이의 있습니다. **Sustained** 인정합니다. **Overruled** 기각합니다.는 법정 영화에 단골로 사용되는 **legal terminology** 법률용어이다.

court	법정	judge	판사(직접 부를 때는 your honor)
lawyer, attorney	변호사	prosecutor, district attorney	검사
juror	배심원	jury	배심원단
plaintiff	원고	defendant	피고
objection!	이의 있습니다! 변호사나 검사가 상대측 발언에 이의 제기 시		
sustained!	이의를 인정합니다	overruled!	기각합니다

He's putting words in her mouth. 원하는 답을 루시에게 억지로 강요하고 있습니다. 라고 이의를 제기하는 리타. 아동보호국 변호사 터너가 루시를 계속 추궁하자 리타는 궁지에 몰리지 않으려고 터너에게 카운터펀치를 날린다. 이에 판사는 **Sustained** 인정합니다라며 리타의 손을 들어 준다.

put words in one's mouth 원하는 말을 듣기 위해 그 말을 상대에게 '강제 주입' 하거나 압력을 가함
ex. Don't try to put words in my mouth.
내게 당신이 원하는 대답을 강요하지 말아요.

Hand gesture손동작의 의미를 알면 이 장면도 더 흥미롭다. 아는 만큼 보인다고 했던가. 알고 보면 이 영화도 더 보인다. 양육권 심리 중 질문에 답하는 루시는 셋째 손가락을 둘째 손가락 위로 꼬고 있고 카메라는 그 꼰 손가락을 클로즈업한다. 이건 무슨 의미가 있는 것일까?

미국 문화에서 손가락을 꼬는 건 두 가지 상황에서다. 거짓말을 할 때와 행운을 빌 때. 영화에서 루시가 손가락을 꼰 이유는 아빠인 샘에게 유리한 진술을 하기 위해서 거짓말을 하고 있기 때문이다. 미국 꼬마들은 거짓말을 할 때 종종 등 뒤에 손을 숨긴 채 손가락을 꼰다. 반면 **Good luck**의 의미로 손가락을 꼴 때는 손을 숨기지 않고 당당히 내민다. 그리고 실제로는 손가락을 꼬지 않고 말로만 손가락을 꼬는 경우도 흔하다. 예를 들면 "**Good luck on your presentation tomorrow. We'll be crossing our fingers for you!**내일 프레젠테이션 잘 하세요! 행운을 빌어요."라 말하는 것. 또 이런 덕담과 동시에 꼰 손가락을 상대에게 보여주기도 한다.

finger	손가락	**finger bowl** 핑거볼(식사 중 손가락을 씻도록 물 담은 그릇)	
thumb	엄지	**index finger** 검지	**middle finger** 중지
ring finger	약지	**little finger** (=) **pinkie** 새끼 손가락	
thumbtack	압정	《**Thumbelina**》 엄지공주 (안데르센 동화)	
thumbs up	격려, 잘한다	**thumbs down** 거절, 비난, 불만족	
		ex. The movie gets two thumbs up! 이 영화 정말 최고예요!	
		They got thumbs down. 그들이 퇴짜 맞았다	
		Don't raise your middle finger. 중지를 세우지 마.	

SCENE # 2 SUMMA CUM LAUDE

루시의 양육권을 되찾으려는 법정 공방이 차차 샘에게 불리하게 돌아가자 드디어 샘의 이웃집 친구이자 루시의 Godmother대모인 애니까지 나서야 하는 상황이 된다. 애니는 심각한 외출공포증에 시달리면서도 샘에게 조금이라도 도움이 되고자 하는 마음에 증언석에 선다.

Rita   Besides being Lucy's godmother, aren't you also her piano teacher?

Annie   Yes.

Sam   Annie plays the piano beautifully. You really do, Annie.

Rita   Sam, it's Annie's turn now.

Rita   (to Annie) And didn't you graduate magna cum laude from the Juilliard School of Music?

Annie   Summa cum laude.

Rita   Excuse me. Ms. Cassell, in all the time you've known them have you ever questioned Sam's ability as a father?

Annie   Never.

Rita   Never?

Annie   Never. Look at Lucy. She's strong. She displays true empathy for people. All kinds of people.

Annie   I know that you all think she's as smart as she is despite him but it's because of him.

리타　루시의 대모 겸 피아노 선생님이시죠?
애니　네.
샘　애니는 피아노 정말 아름답게 쳐요. 애니, 정말 피아노 잘 쳐요.
리타　샘, 지금은 애니 차례예요.
리타　(애니에게) 그리고 줄리어드 음대를 우등으로 나오지 않으셨나요?
애니　최우등이었어요.
리타　실례했습니다. 이때까지 쭉 지켜보면서 아버지로서 샘의 능력을 의심해 보신 적 있나요?
애니　단 한 번도 없습니다.
리타　단 한 번도요?
애니　단 한 번도요. 루시를 보세요. 루시는 강해요. 그리고 사람들과 공감 능력이 뛰어나죠. 누구하고든지 말이에요.
애니　여러분은 루시가 샘 같은 아버지 밑에서도 참 영리하다고 생각하겠지만, 사실은 샘 덕분에 그런 겁니다.

---

graduate 졸업하다　**magna cum laude** [매그나 쿰 라우디] 미국 대학에서 졸업생에게 부여하는 우수 졸업 등급 3단계 중 두 번째 등급　**summa cum laude** [쑤마 쿰 라우디] 우수 졸업 등급 3단계 중 최우수에 해당하는 첫 번째 등급　**empathy** 공감

Didn't you graduate magna cum laude from the Juilliard School of Music? 줄리어드 음대를 우등으로 나오지 않으셨나요? 리타는 신이 나서 애니에게 묻는다. 이웃에 살며 샘과 루시에게 도움을 주는 외출공포증 환자 애니는 그들을 위해서 어려운 발걸음을 한 것. 샘의 다른 친구들이 모두 정신지체장애자인 상황에서 유리한 증언을 해 줄 대졸 학력의 증인이 절박하게 필요했던 리타에게 우수한 성적으로 대학을 졸업한 애니의 등장은 천군만마나 다름없다. 애니는 **magna cum laude** 보다 더 우수한 **summa cum laude**로 졸업했다고 리타의 말을 정정하는데, 이는 애니가 신뢰할 수 있는 증인이라는 강한 인상을 남기기 위한 리타의 **strategy**전략라 볼 수 있다. 미국 대학에서는 보통 수석입학이나 수석졸업 제도가 없다. 대신 우등졸업생들을 GPA에 따라 라틴어 명칭 **summa cum laude**, **magna cum laude**, **cum laude** 3등급으로 정한다. 졸업장과 성적증명서에 우등 등급이 표기되고 졸업식 가운과 모자도 금테가 둘러진 것을 입는다. 반면 고등학교에는 수석·차석 졸업생 제도가 있다.

summa cum laude	(=) with highest honor 최고 우등
magna cum laude	(=) with great honor 차상위 우등
cum laude	(=) with honor 차차상위 우등
GPA	학점 grade point average의 준말
valedictorian	고등학교 수석졸업생. 졸업식 때 고별사 함
salutatorian	고등학교 차석졸업생. 졸업식 때 환영사를 함

>> Great Words

We have no more right to consume happiness without producing it than to consume wealth without producing it.
재물을 스스로 만들지 않는 사람에게는 쓸 권리가 없듯이 행복도 스스로 만들지 않는 사람은 누릴 권리가 없다.

_버나드 쇼(George Bernard Show)

She's strong. She displays true empathy for people. 루시는 강해요. 그리고 사람들과 공감 능력이 뛰어나죠. 라고 애니는 루시가 정신지체장애를 가지고 있는 샘의 아래에서 올바르고 훌륭하게 자랐음을 강조한다.

-pathy	feeling, suffering, disease, treatment of disease		
empathy	공감	sympathy	동정심
antipathy	반감, 혐오, 싫어함, 악감정	apathy	무감동, 무감정, 냉담

> The great gift of human beings is that we have the power of empathy.
> 공감할 수 있는 능력은 인간에게 주어진 위대한 선물이다.
> _메릴 스트립(Meryl Streep)

Great Words

성적과 Happiness *BEHIND THE MOVIES*

십여 년 전 미 명문대에서 한 교포 학생이 성적 부진에 의한 우울증으로 자살했다. 고등학교 졸업시 valedictorian이었던 그는 대학에서도 좋은 성적을 자신했다. 허나 우수한 학생들이 모인 대학에서 현실은 달랐고 성적 부진에 괴로워하던 학생은 안타깝게도 극단적인 방법을 택하고 말았다. 허나 이는 경쟁이 심한 학과의 경우이지 모든 명문대의 상황은 결코 아니다. 아이비리그 대학에도 좀 과장하자면 줄을 잘 서면 들어갈 수 있는 비인기 학과들도 있다. 확실한 건 cliché진부한 표현이긴 하지만 행복은 성적순이 아니라는 사실이다.

DIRECTOR'S CUT

비틀스 노래 cover version
그리고 한국서 찍을 뻔했던 20세기 폭스 영화

〈I am Sam〉은 영화 전반에 비틀스의 노래가 흐른다. Lucy Diamond Dawson이라는 이름도 비틀스의 노래 〈Lucy in the Sky with Diamond〉에서 따온 것이다. 그런데 영화의 사운드 트랙은 모두 cover version이다. cover version이란 원래 노래의 가수가 아니라 다른 가수가 부른 것을 말한다. 영화 제작자는 비틀스의 오지리널 곡으로 사운드 트랙을 만들고자 했으나 판권을 가지고 있던 마이클 잭슨이 한 곡당 30만 달러의 저작권료를 요구하는 바람에 cover version을 선택할 수밖에 없었다. 영화에 삽입된 곡은 모두 비틀스의 명곡들이지만 노래를 부른 가수들은 비틀스가 아니라 모두 제각각이다. 말하자면 우리나라 고속도로 휴게소에서 살 수 있는 뽕짝 메들리와 비슷한 맥락이라고도 볼 수 있다.

뽕짝 메들리라고 하면 생각나는 일화가 하나 있다. 이전에 필자는 미국의 20세기 폭스의 제작팀과 함께 우리나라에서 영화 location scouting촬영지 물색을 다녔다. 우리는 미국의 유명 여종군기자 Marguerite Higgins마르게리트 히긴스의 한국전쟁 경험담을 그린 영화 〈Higgins and Beech〉의 촬영지를 물색 중이었다. 버스를 전세 내서 강원도 폐광촌, 안동 하회마을, 전라도, 인천 등지를 돌며

촬영지를 찾던 중 국도에서 한 휴게소에 들렀다. 여느 휴게소에서처럼 뽕짝 메들리가 크게 울려퍼지는 그곳에서 일행 중 가장 유머 감각이 뛰어났던 제작자가 What kind of music is this?라고 흥미를 보이며 테이프를 하나 사더니 일행이 졸고 있던 버스로 뛰어갔다. 제작자는 이때다 싶었던지 버스에서 뽕짝 메들리를 크게 틀었고 특유의 그 낭랑하고 오묘한 노래 소리가 울려 퍼지자 자고 있던 일행들이 벌떡 깨서는 What is this?라 놀라서 물었다. 그러자 제작자가 This is the most famous and popular music in Korea라고 답하는 바람에 모두 박장대소했던 기억이 난다. 강원도 폐탄광촌에서 용변이 급했던 그들은 푸세식 화장실도 감지덕지 사용했고, 경상도와 전라도 접경지역 한 식당에서 환상적인 불갈비 맛에 완전히 반해 버렸다. 가운데가 볼록하고 테두리에 국물이 보글보글 끓는 판에 불갈비를 구웠는데 그 국물에 마늘을 끓이니 고기즙과 양념이 섞이면서 가히 맛이 기가 막혔다. 불갈비 맛도 일품이었지만 당시 한국 음식을 처음 접해 봤던 영국인 감독, 미국인 제작자, 스튜디오 부사장, 미술감독 등 푸른 눈 외국인들이 '환타스틱'한 마늘을 서로 먹으려고 It's mine! Don't touch it!이라며 젓가락 싸움까지 불사하던 모습이 재미있고 귀엽기까지 했다.

당시 영화 주인공은 바로 〈I Am Sam〉에 출연한 미셸 파이퍼로 잠정 결정되어 있었다. 그런데 그녀가 출산한 지 얼마 안 된 때라 제작이 미뤄진 상태였는데, 감독 예정자는 그녀의 출연이 무산될 경우 맥 라이언을 대타로 생각하고 있었다. 그리고 좀 지나 감독 예정자는 Nora Ephron노라 에프런으로 교체되었고 결국 이런저런 사정으로 Higgins and Beech 프로젝트는 무기한 연기된 상태다.

SCENE #3 GOT THE MARKET CORNERED

자신이 아빠로서 루시에게 제대로 해 줄 수 있는 것이 없다는 자괴감에 빠진 샘은 루시의 양육권을 포기하려 한다. 하지만 루시에 대한 샘의 지극한 사랑에 감동받은 리타가 샘에게 계속 싸우자 독려한다.

Rita   I can go... at least another nine rounds. But you gotta let me in. Please, Sam. There you are. Now I can see those kind eyes. So, George says that you needed a break from work.

Sam   I don't really want to work there anymore because there is too many people.

Rita   O.K. Then maybe we can find you a quieter job, because... remember that was one of the judge's conditions that you earn more money.

…중략…

Rita   Sam, you can get Lucy back. The court favors reunification. But, Sam, you have to fight for her.

Sam   Yeah, but I tried! I tried hard!

Rita   Try harder!

Sam   Yeah, but you don't know!

Rita   I don't know what?

Sam   You don't know what it's like when you try and you try and you try and you don't ever get there! Because you were born perfect, and I was born like this! And you're perfect!

Rita   Is that right?

Sam   People like you don't know.

Rita   People like me?

Sam   You don't know what it's like to get hurted because you don't have feelings. People like you don't feel anything.

Rita   You think you got the market cornered on human suffering? Let me tell you something about people like me. People like me feel lost and little and ugly and dispensable. People like me have husbands screwing someone else far more perfect than me. People like me have sons who hate them.

condition 상황, 조건 **favor** 선호하다, 지지하다; 선호, 호의 **reunification** 재결합; 통일
dispensable 없어도 좋은, 중요하지 않은

리타   난 계속 싸울 힘이 많이 남아 있어요. 하지만 당신이 받아들여 줘야 해요, 샘. 여기 있군요. 이제 당신의 착한 눈이 보이네요. 조지(커피샵 주인)가 그러던데 직장을 좀 쉬고 싶어 한다면서요.

샘   거기는 사람이 너무 많아서 일하기 싫어요.

리타   그럼 우리 좀 조용한 일자리를 찾아봐요. 기억나죠? 판사님이 샘이 돈을 더 많이 벌어야 한다고 말한 거.

    …중략…

리타   샘, 루시를 찾아올 수 있어요. 법원은 재결합을 선호해요. 하지만 그러려면 싸워야 해요.

샘   열심히 노력했어요, 했다구요!

리타   더 열심히 노력해요!

샘   그런데 당신은 몰라요!

리타   뭘 몰라요?

샘   열심히 해 봐도 절대로 안 되는 게 어떤 건지 당신은 몰라요! 왜냐면 당신은 완벽하게 태어났고 난 이렇게 태어났으니까! 당신은 완벽하니까!

리타   그래요?

샘   당신 같은 사람들은 몰라요.

리타   나 같은 사람들?

샘   당신은 아픈 게 뭔지 몰라요. 왜냐면 감정이 없으니까. 당신 같은 사람들은 느끼지 않으니까.

리타   당신 혼자 인간의 고통에 대해 통달한 줄 알아요? 나 같은 사람들에 대해서 한마디 하죠. 나 같은 사람들은 방황하고, 하찮고, 못나게 느끼고, 있으나마나 한 존재로 느끼고. 나 같은 사람들의 남편은 훨씬 더 완벽한 여자하고 바람이나 피고, 나 같은 사람들의 아들은 엄마를 미워하죠.

I can go at least another nine rounds. 난 계속 싸울 힘이 많이 남아 있어요. 라고 리타는 자포자기한 샘을 위로한다. 양육권 심리는 단 한 번의 법정 심리에서 결판 나는 것이 아니라 여러 번에 걸쳐 진행된다. 법정 공방이 자신의 실수로 매우 불리한 상황으로 돌아가게 되자 샘은 절망하고 루시의 양육권을 포기하려 한다.

round	둥근; 시리즈; (일 따위의) 한 기간
daily round	일과　　**a round of talks** 연속 회담
second round of games	(월드컵) 16강　**nine rounds** (권투에서) 9라운드
can go another	앞으로 9라운드는 더 뛸 수 있다. 즉, '계속 ~를 할 수 있다'는 의미
nine rounds	**ex.** I can go at least another nine rounds. (=) I can keep fighting[doing it].

You don't know what it's like to get hurted. 당신은 아픈 게 뭔지 몰라요. 계속 싸우자는 리타에게 울분을 터뜨리는 샘. 루시가 좋은 환경의 위탁가정에서 사는 모습을 훔쳐보고 그곳에서 사는 편이 딸에게 더 나을 거라는 생각에 슬픔을 주체할 수 없다. 그런데 get hurted라니? get hurt가 맞는데. 샘의 이런 엉터리 영어는 지능이 7살이라는 걸 부각하기 위한 제작진의 의도라 보면 된다. 샘의 틀린 영어는 또 있다. I don't really want to work there anymore because there is too many people에서 there is는 there are이어야 한다.

불규칙 동사와 Globish (Global+English)

BEHIND THE MOVIES

Get hurted나 I eated an apple 같은 엉터리 영어는 불규칙동사를 아직 잘 반복 학습하지 못한 영어권 꼬마들의 흔한 실수다. 사실 불규칙동사는 비효율적이고 본능적이지 않을 뿐더러 기능적 면으로도 필요 불가결한 존재도 아니다. 만약 영어의 모든 동사를 규칙 변화로 정한다면 원어민도 포함해서 모두 한결 쉽게 영어를 배울 수 있을 것이다. 이런 맥락에서 볼 때 세련된 영어보다 쉬운 커뮤니케이션을 지향한 Globish글로비쉬가 괜히 생겨난 게 아니다. 수요가 있다는 말이다. 1500 단어와 간단한 문법으로 구성된 Globish는 언어라기보다는 도구에 가깝다.

People like you don't feel anything. 당신 같은 사람들은 느끼지 않으니까. 이라고 샘은 완벽해 보이는 리타의 삶에 대한 부러움과 절망이 섞인 한탄을 내뱉는다. 그런데 그 말에 리타는 화가 난다. 아니, 속어로 '뚜껑이 열려 버린다' 영어로는 She blew her top. 두 언어권의 표현이 재미있게도 딱 맞아떨어진다.

뚜껑이 열리다	blow her[his] top
화나다	get[be] angry, get[be] enraged, infuriated, mad, upset
화나게 하다	enrage, provoke, make ~ angry, drive ~ crazy[mad, insane, nuts, up the wall], get on one's nerves

    ex. I'm really mad! 나 정말 화났어!
        That really upsets me. 그거 정말 화나는 일이군.
        She drives me up the wall. 그 여자 때문에 짜증 나.
        He's getting on my nerves. 그 때문에 정말 신경질 나.
        You drive me crazy. 너 때문에 미치겠다.

You think you got the market cornered on human suffering? 당신 혼자 인간의 고통에 대해 통달한 줄 알아요? 라고 분통을 터뜨리는 리타. 쉬운 영어로 풀어 보면 Do you think you are the only one suffering? 이란 뜻인데, 샘의 말에 단단히 화가 난 게다.

corner the market	상품을 매점하다[사재다], 주식을 매집하다, 독점하다, monopolize

    ex. They cornered the market. 그들이 시장을 독점했다.
        During the financial crisis of 2007-2010, Porsche cornered the market in shares of Volkeswagen.
        2007-2010년의 금융위기 동안 포르셰는 폭스바겐 주식을 매집했다.

People like me feel lost... People like me have husbands screwing someone else far more perfect than me... 나 같은 사람들은 방황하고… 나 같은 사람들의 남편은 훨씬 더 완벽한 여자하고 바람이나 피고…. 리타는 남들에게는 숨겨온 자신의 아픔을 샘에게 털어놓는다. 여기서 주목할 단어는 screw. '나사'라는 뜻으로 가장 많이 알려져 있지만 때로는 '성행위를 하다'의 저속한 표현이기도 한데 여기서는 리타의 남편은 바람을 피고 있다는 의미이다. screw의 활용도는 또 있다. **He has a screw loose.** 번역하면 '저 사람 나사가 빠졌어.' 재미있게도 우리나라 표현이 일맥상통한다.

screw	나사, 나사로 죄다; 실수하다, 망치다, (속어) 성행위를 하다
screw driver	나사돌리개, 드라이버
screw up	망치다, 엉망으로 만들다, 맛이 가게[헤까닥 하게] 만들다
a screw loose[missing]	(구어) 1. 늦춰진 나사; 결함, 고장, 실수 2. 머리가 이상함
ex.	You really screwed up! 네가 정말 망쳐 버렸어!
	Her father's death screwed her up.
	그녀는 아버지의 죽음으로 맛이 갔다.
	There's a screw loose somewhere. 어딘가 고장이 있다.
	He has got a screw loose. 그는 머리가 좀 돌았다.

Screw

Screw 하면 빙과 제품 '스크류바'가 떠오른다(영어 발음은 '스크류'가 아니라 '스크루'). 나사못처럼 배배 꼬인 모양이라 그리 이름 지었을 터. 유튜브에는 80년대 스크류바의 TV commercial광고를 볼 수 있는데 만화주인공 고인돌과 앳된 모습의 채시라를 포함한 세 소녀가 밸리 댄스를 추는 모습이 나온다. 우리 눈엔 별 뜻 없이 귀여울 뿐인데 미국 사람들은 이름이 screw bar인 데다 밸리 댄서까지 나오니 성적 코드로도 해석을 한다는 것. 이런 걸 피하려면 이름을 바꿔 수출해도 되겠지만… 오히려 '그 이상 야릇한' 이름 덕에 눈길을 끄는 이점도 있으니 배짱으로 밀고 가는 것도 괜찮겠다. 참, '하드'는 영어로 popsicle(팝씨클)이다.

THE BEST QUOTES

⟨The Pursuit of happyness 행복을 찾아서⟩

You got a dream, you've got to protect it. People can't do something themselves, they want to tell you that you can't do it.
You want something? Go get it.

꿈이 있다면 그걸 지켜야 돼. 사람들은 자신이 못하는 것은 너도 못한다고 말하려 하지.
원하는 게 있다면 쟁취해.

Don't ever let someone tell you, you can't do something. Not even me.

누구도 너에게 '넌 할 수 없어'라고 말하게 하지 마. 그게 설령 나라도 말이야.

⟨The Pursuit of Happyness 행복을 찾아서⟩

사업 실패로 노숙자로 전락하여 아들과 함께 절망의 끝으로까지 내몰렸다 주식중개인으로 재기에 성공한 크리스 가드너 Chris Gardner의 실화를 소재로 한 ⟨The Pursuit of Happyness 행복을 찾아서⟩에 나오는 대사다. 윌 스미스 Will Smith가 자신의 친아들과 함께 출연한 영화인데 아버지 크리스가 노숙자 시설과 지하철 역을 전전하는 중에서도 아들에게 희망을 갖게 하려 해 주는 말들이 인상적이다.

〈I am Sam아이앰샘〉과 〈The Pursuit of Happyness행복을 찾아서〉는 자식을 제대로 키우기 위해 고군분투하는 아버지들의 이야기이다. 아이들이 제대로 성장하는 데 가장 중요한 것은 무엇일까? 우리는 종종 잊고 산다. 물질적인 것 보다는 관심과 사랑이라는 것을….

Cinderella Man

You are everybody's hope, and you are your kids' hero.
And you are the champion of my heart.
당신은 모두의 희망이자 아이들의 영웅이에요. 또 당신은 내 마음의 챔피언이고요.

HOPE #3

신데렐라 맨

〈신데렐라 맨〉은 미국의 전설적 복서인 짐 브래덕의 이야기를 그린 실화 영화다. 대공황 당시 고달픈 삶을 이어가던 미국인들은 극적으로 재기에 성공한 퇴물 복서의 이야기에서 감동과 대리 만족을 얻었고, 마치 자기 가족인 양 브래덕의 승리를 기뻐하며 축하했다. 1964년 미국 복싱 명예의 전당에 이름을 남기고 1974년 69세의 나이로 세상을 뜬 브래덕은 2001년에는 국제 복싱 명예의 전당에도 이름을 올렸다. 론 하워드 감독이 메가폰을 잡았고 주인공인 짐 역으로는 러셀 크로가, 아내인 메 브래덕 역으로는 르네 젤위거가 출연했다.

People ready to throw in the towel are finding inspiration in their new hero.
포기 일보 직전에 있던 사람들이 새 영웅에게서 영감을 얻고 있습니다.

The Best Quotes

I can't win without you behind me.
당신 응원 없이는 이길 수 없어.

You are everybody's hope, and you are your kids' hero. And you are the champion of my heart.
당신은 모두의 희망이자 아이들의 영웅이에요. 또 당신은 내 마음의 챔피언이고요.

Don't you sell yourself short.

스스로를 과소평가 하지 마.

I didn't quit on you. And I didn't quit tonight.
나는 당신을 포기하지 않았어. 그리고 오늘밤에도 난 포기하지 않았어.

STORYLINE

　한때 승승장구하던 라이트 헤비급 복서 짐은 챔피언 결정전에서 패하고 연이은 도전 경기에서도 고배를 마신다. 엎친 데 덮친 격으로 미국에 닥친 **The Great Depression**대공황 속에 별볼일 없는 퇴물 복서로 전락한 짐은 가족을 먹여 살리려고 막노동을 하며 간간이 열리는 복싱 경기에 나가서 생활비를 버는 처지가 된다. 하지만 그의 가능성을 굳게 믿는 매니저 조 굴드의 도움과 노력 덕택에 짐은 뜻밖에 재기할 기회를 얻는다. 그리고 여러 가지 불리한 조건들을 극복하고 연이어 유명한 상대들을 차례로 쓰러뜨리며 승리의 행진을 이어가기 시작한다.

　마침내 헤비급 세계 최강의 복싱 챔피언 맥스 베어를 상대할 기회를 얻은 짐. 맥스 베어는 폭발적인 강펀치로 상대를 둘이나 죽음으로 몰아간 악명 높은 복서. 브래덕이 불리하다는 전문가들의 예상과 목숨마저 잃을지 모른다는 아내의 걱정을 뒤로 하고, 1935년 6월 13일 뉴욕의 매디슨 스퀘어 가든을 가득 메운 군중 앞에서 브래덕 대 베어의 결전은 막을 올린다. 두 사람의 혈전은 마지막 15라운드까지 이어지고 불굴의 투지로 버틴 브래덕은 마침내 심판의 전원 일치 판정으로 승리를 거둔다.

Braddock vs. Baer

SCENE # 1 WHO WEARS THE PANTS?

짐의 아내 메는 링에 서는 남편이 불안하기만 하다. 그래서 짐에게 복싱을 계속하라고 부추기는 매니저 조에게 따지러 가지만 가구 하나 없이 휑한 조의 아파트에 들어서자 할 말을 잃고 만다. 알고 보니 조는 자기 세간까지 팔아서 짐의 훈련비를 대주고 있었던 것. 그런 사실을 알게 된 메, 조, 그리고 조의 아내 사이에 오가는 대화를 들어 보자.

Mae   This is crazy. I mean you don't even know if you can get him a fight.

Joe   I'll get him a fight. Believe me, if it's the last thing I do, I'll get him a fight.

Joe's Wife   Honey, go get us some of those crackers, would you?

Joe   She looks good wearing the pants.

(여자들이 서로 마주보고 슬쩍 웃는다)

Joe's Wife   Can you ever stop yours when he sets his mind to a thing?

Mae   I wish I could.

Joe's Wife   See, I never know who it's harder on... them or us. We have to wait for them to fix everything.

Joe's Wife   And every day... they feel like they're failing us. And really, it's just the world that's failed, you know?

메　　　이건 미친 짓이에요. 경기를 아예 하나도 성사시키지 못할 수도 있잖아요.

조　　　꼭 성사시킬 거예요. 절 믿으세요. 하늘이 두 쪽이 나도 링에 오르게 할 겁니다.

조의 아내　여보, 우리 과자 좀 갖다줄래요?

조　　　마나님 말을 들어야죠.

　　　　(여자들이 서로 마주보고 슬쩍 웃는다)

조의 아내　남편이 굳게 마음먹고 시작한 일을 막을 재주가 있나요?

메　　　그랬으면 좋게요.

조의 아내　이 상황이 어느 쪽한테 더 힘든 건지 모르겠어요…. 남편들인지 우리인지. 그이들이 잘못된 걸 바로잡아 가는 걸 지켜보기만 하고 있어야 하니까.

조의 아내　남편들은 매일 우리에게 실망을 안겼다고 자책해요. 사실은 모든 게 다 세상 탓인데도 말이에요.

I'll get him a fight. Believe me. 꼭 성사시킬 거예요. 절 믿으세요. 세간을 전부 내다 팔아 휑해진 아파트에서 짐의 경기를 성사시키겠다고 약속하는 조. 메의 마음은 착잡하고 미안하기만 하다. 모두가 퇴물 취급하는 짐의 복싱 경기가 성사되지 않을 거라 생각하는 메에게 조는 **If it's the last thing I do...** 라고 굳은 다짐을 하는데, 직역하면 '이것이 내가 하는 마지막 일이 될지라도'이지만, '하늘이 두 쪽이 나도'가 한층 자연스러운 해석이다. 조의 아내는 **Honey, go get us some of those crackers, would you?** 과자 좀 갖다 줄래요? 라고 여자끼리 하고 싶은 말이 있어 끼어든다.

She looks good wearing the pants. 마나님 말을 들어야죠. 라고 과자를 가지러 가며 농담을 하는 조. 뜬금없이 아내가 바지가 잘 어울린다니? 게다가 카메라에 잡힌 그녀는 '바지'가 아니라 '치마'를 입고 있는데…. wear the pants에서 '바지'는 '발언권, 실권, 힘'도 의미한다. 이는 가부장적제도에서 그 유래를 찾을 수 있는데, 전통적으로 '바지'는 미국에서 남자들의 전유물이었고, 남자들은 가정이나 직장에서 우두머리였다. 이젠 성별과 상관없이 wear the pants는 가장 발언권이 센 실세를 뜻한다. 그래서 She looks good wearing the pants라는 조의 말은 '저는 아내에게 꼼작 못해요' 혹은 '마나님 명령에 따라 과자 가지러 갑니다' 라는 농담이다.

Can you ever stop yours when he sets his mind to a thing? 남편이 굳게 마음먹고 시작한 일을 막을 재주가 있나요? 조가 과자를 가지러 간 사이 조의 아내가 말을 꺼낸다. **set one's mind to~**는 '~를 굳게 결심하다, ~에 전념하다'의 뜻.

BEHIND THE MOVIES

Rosie the Riveter

여자들이 본격적으로 바지를 입기 시작한 건 언제부터일까? 미국의 경우 2차 세계대전 때 남자들은 전쟁터로 가고 여자들이 노동에 적극적으로 가담하면서이다. 바지는 생활전선에 뛰어들 수밖에 없었던 당시 여성에게 꼭 필요했던 옷이다. 우리나라 몸빼바지와 같은 맥락이다. 미국에서 2차 세계대전 발발 후 전쟁터에 징집된 남자들 대신 공장, 특히 군수품 제조업체에서 육체 노동을 하는 강한 여성을 상징하는 아이콘이 바로 Rosie the Riveter이다. 당시 포스터에서 이 아이콘을 흔히 볼 수 있는데, 일반적으로 건강한 여성이 rivet대갈못을 박는 rivet gun을 손에 든 모습으로 그려진다.

mind	마음, 정신, 지성, 기질, 의견
make up one's mind	결심하다, 결단을 내리다
at the back of one's mind	마음 깊은 곳에, 심중에
be out of one's mind	제정신이 아니다, 미쳤다
Let me blow your mind!	쥬얼리의 히트곡 〈One More Time〉의 가사. (=) Let me really impress you, 깜짝 놀랄 정도로 깊은 인상을 주다, 도취시키다

ex. Tom set his mind to becoming a singer.
톰은 가수가 되기로 굳게 마음먹었다.
Are you out of your mind? 제 정신이야?
I can't make up my mind 결정을 내릴 수 없어요.
At the back of my mind a voice tells me all will be OK.
나의 마음 깊은 곳에서 '다 잘될 거야'라는 목소리가 들린다.

I wish I could. 그랬으면 좋게요. 라고 응수하는 메. 남편의 뜻을 꺾지 못하겠다는 말인데 조의 아내가 말을 이어간다 **...they feel like they're failing us. And really, it's just the world that's failed, you know?** 남편들은 우리에게 실망을 안겼다고 자책해요. 사실은 모든 게 다 세상 탓인데도 말이에요라고. 먹고 살기 힘든 이유가 남편이 무능해서가 아니라 대공황 때문인데 이런 때 그들이 벌이는 사투에 아내들은 가슴이 아플 뿐이다.

fail | 실패하다, 실수하다, 낙제하다[시키다]; 시들다; 부족하다; 실망시키다

ex. Don't fail to let me know. 나에게 꼭 알려 줘.
Our water supply failed. 물이 끊겼어.(공급이 부족하다, 끊어지다.)
His health failed. 그는 건강이 안 좋아졌어.(건강, 힘 등이 약해지다.)
He failed in his duty. 그는 직무를 게을리 했다.
The electricity failed during the storm. 폭풍 중에 정전이 되었다.
His friends failed him. 친구들은 그를 실망시켰다.
I will visit you tomorrow without fail. 내일 꼭 찾아 뵙겠습니다.

SCENE # 2 CAN I GET A RAIN CHECK?

중요한 경기를 앞둔 짐. underdog인 짐의 상대는 유명한 복서인 존 헨리 루이스이다. 남편에게 승산이 없다고 생각하는 메는 마음이 아파 차마 경기를 보러 가겠다고 약속하지 못한다.

Jim   I know this isn't what you wanted but I can't win without you behind me.

Mae   I'm always behind you.

Jim   Thank you, baby.

Jim   I got a great idea. You want to come along? Come on, Come on, just this one time...

(그래도 메가 대답을 안 하자)

Jim   All right. Okay. I'll make that a rain check then.

짐   당신이 원하지 않는 건 알지만 난 당신 응원 없이는 이길 수 없어.
메   난 항상 당신을 응원해.
짐   고마워.
짐   참, 좋은 생각이 떠올랐어. 당신 내 경기 보러 올 거지? 응? 이번 한 번만, 응?
    (그래도 메가 대답을 안 하자)
짐   알았어, 알았어. 그럼 다음 번에 오는 걸로 하지.

I can't win without you behind me. 당신 응원 없이는 이길 수 없어. 라는 짐. 항상 자신 걱정에 마음을 졸이는 아내의 심정을 그는 잘 알고 있다. 그리고 승산 없는 경기를 앞두고 아내의 응원을 부탁한다. 이 장면에서처럼 **behind**와 인칭대명사를 함께 쓰면, '~를 지지하다, 응원하다, ~의 편이다' 라는 뜻이 된다.

behind	뒤에, 배후에, (정시보다) 늦게; ~ 보다 뒤져서; 지지하다
ex.	He left a large family behind him.
	그는 많은 가족을 남기고 갔대[죽었다].
	The bus arrived ten minutes behind time.
	버스는 정시보다 10분 늦게 도착했다.
	I am behind him in rank. 나는 그보다 지위가 낮다.
	She is behind the movement. 운동의 배후에는 그녀가 있다.
	I'm behind him 100%. 난 100퍼센트 그 사람 편이야.
	난 100퍼센트 그를 지지해.

Come on.이라고 짐이 메에게 조른다. 경기를 보러 오라고 하는데 메는 가겠다고 차마 약속을 못한다. **Come on**은 여기서 '이리 오라'라는 뜻이 아니라 "응? 응?" 하고 조르는 말이다. '우리 영화 보러 가자, 응 응?'은 **Let's go to the movies. Oh, come on**이라고 표현할 수 있다.

Underdog의 승리

영화 제목 Cinderella Man은 스포츠 작가인 '데이먼 런욘이 브래덕의 승리 행진을 'amazing reemergence from underdog약자의 놀라운 인간승리' 라고 치켜세우며 그에게 붙여준 별명이다. underdog은 '약체, 약자, 이길 가망이 없는 자·팀'을 뜻하는데 짐 브래덕의 인기가 높았던 이유는 그가 underdog에서 떨치고 일어나서 Cinderella Man이 되었기 때문이다.

사람들은 예상을 뒤엎는 underdog의 승리에 더욱 열광하고 진한 감동을 느낀다.

2002년 월드컵 당시 우리나라 국가대표 축구팀도 underdog 팀으로 불렸다. 그런데 예상을 깨고 강팀을 꺾어 세상을 놀라게 했다. 당시 외신 기사 제목을 보면,

"The Year Of The Underdog"

"Cup Of Joy Overflows On Korea's Day Of The Underdog"

맥스 베어 Max Baer에 관한 진실
James Braddock vs. Max Baer

Jim Braddock

Max Baer

　이 영화에는 간과할 수 없는 behind story뒷이야기가 있다. 인간 승리의 결실로 underdog인 짐 브래덕은 모두가 최강 챔피언으로 예상했던 맥스 베어를 꺾고 챔피언에 등극한다. 게다가 영화에서는 맥스 베어가 가공할 펀치력을 가진 잔인한 인물로 그려지기 때문에 그 승리는 더욱 극적일 수밖에 없다. 그런데 맥스 베어가 영화에서 심각한 인격적 결함을 지닌 인물로 그려진 것에 대해 복싱 역사가들과 베어의 친인척들은 강한 불쾌감을 드러냈다. 그 이유는 진실이 왜곡되었기 때문이라 한다.

　짐 브래덕도 신사라고 평했듯이 맥스 베어는 인정 많고 카리스마 강한 인물이었다. 베어의 가공할 펀치력은 누구나 인정하는 사실이지만, 그와 경기 중 사망한 복서는 영화 내용과는 달리 두 명이 아니라 실은 프랭키 캠블 한 명이었다. 뿐만 아니라 베어는 캠블의 사망에 대해 평생 마음 아파했으며, 매 시합마다 캠블의 유가족에게 기부금을 보냈고, 네 자녀의 학비까지 대주었다 한다. 이런 사실로 미루어 보면 영화에서 베어를 너무 부당하게 그렸다고 항의할 만도 하다. 영화배우 및 라디오 DJ로도 활약했던 맥스 베어는 1959년 11월 21일 심장마비로 사망했다.

I'll make that a rain check. 다음 번에 오는 걸로 하지. 경기에 와 줄 것을 계속 부탁하지만 확실하게 대답하지 않는 아내에게 짐이 포기한 듯 말한다. rain check은 오늘 지키지 못한 약속을 다음에 지키겠다는 뜻으로 일상생활에서 자주 쓰이는 표현이다.

rain check | 비 때문에 갑작스럽게 경기가 취소되었을 때 다음 경기를 관람할 수 있도록 관중들에게 나누어주는 우천시 교환권이 유래. 일상적으로 약속을 연기해야 할 때 많이 쓰인다. 또한 세일 기간 중 할인 판매하는 상품의 재고가 떨어졌을 때 rain check를 받아두면 할인 판매 기간이 끝난 할인 가격으로 물건을 구입할 수 있다. 만약 점원이 먼저 rain check를 주겠다고 하지 않으면 Can I get a rain check?라고 당당하게 요구하면 된다.

ex. I'll take a rain check on that drink tonight, if that's all right.
오늘 한 잔 못 하게 됐는데요, 괜찮으시다면 다음 기회에 어떨까요?
I can't play tennis this afternoon, but can I get a rain check?
오늘 오후 테니스 못 칠 것 같아요. 다음에 쳐도 될까요?
Thanks for inviting me for dinner tonight, but I already have an appointment. Can I take a rain check on it?
오늘 저녁에 초대해 주셔서 고맙습니다만 선약이 있어서요. 다음 번에 기회를 주시겠습니까?

〈Million Dollar Baby 밀리언달러 베이비〉

Anybody can lose one fight, anybody can lose once. You'll come back from this. You'll be champion of the world.

누구든 경기에서 한 번은 패할 수 있어. 하지만 그걸 이겨내야만 세계 챔피언이 될 수 있어.

〈Million Dollar Baby 밀리언달러 베이비〉

영화계의 veteran백전노장 클린트 이스트우드가 감독, 주연, 제작을 맡아 2005년 작품상을 포함해 총 4개 분야에서 아카데미 상을 수상한 〈Million Dollar Baby 밀리언달러 베이비〉는 골든글로브와 전미비평가협회 최우수영화상까지 받은 가슴 찡한 작품이다.

한때 잘 나가던 권투 트레이너였지만 스스로 세상과의 교감마저 피하는 늙은 트레이너 프랭키(클린트 이스트우드 분)가 여자 복서 지망생 매기(힐러리 스웽크 분)를 만나 그 열정에 감복되어 그녀를 복서로 성장시키는 과정을 그렸다. 둘이 세상에서 입은 상처를 서로 치유해가며 아버지와 딸 같은 관계로 발전해가는 이야기를 감동적으로 풀어낸다.

원작은 로스앤젤레스에서 40년 동안 트레이너로 활동하면서 소설을 써 온 제리 보이드 Jerry Boyd의 단편소설집 《Rope Burns: Stories from the Corner 불타는 로프: 코너로부터의 이야기들》이다.

STE

Chapter 4

소외된 이들의 발칙한 반란
REOTYPE

#1 인크레더블

#2 금발이 너무해

#3 쿨러닝

The Incredibles

Luck favors the prepared.
행운은 준비된 자의 편이지.

STEREOTYPE #1

인크레더블

초인적 능력을 가지고 있는 The Incredibles 영웅가족. 하지만 영웅이라기보다 social misfit사회부적응자에 가까운 그들의 지지고 볶는 일상은 너무도 평범하다. 그리고 사람들도 변했다. 위험에 처한 사람을 구해주면 적반하장으로 소송까지 걸어온다. 게다가 전성기를 지난 영웅들의 망가진 몸매는 antihero반영웅적이다. 이렇게 이 영화는 전형적 영웅 애니메이션과는 조금 다르다. 그래서 더 흥미롭다.

I never look back. It distracts from the now.
난 절대 과거는 뒤돌아보지 않아. 현재의 집중력을 흩트러뜨리니까.

Luck favors the prepared.
행운은 준비된 자의 편이지.

The Best Quotes

I've outgrown you.
난 당신을 넘어섰어.

You are the best of the best.
당신은 최고 중의 최고예요.

STORYLINE

가족 전원이 특별한 능력을 지닌 The Incredibles. 그런데 이들의 실상은 우리가 상상하던 영웅과는 다르다. 영웅들의 선의의 활약이 비싼 합의금을 줘야 하는 복잡한 소송을 초래하자 정부는 모든 super heroes슈퍼 영웅들에게 일반인들과 똑같이 평범하게 생활하도록 규제하는 정책을 실시한다. 이 때문에 엄청난 괴력을 가지고 영웅으로 살아가던 Mr. Incredible도 이제 평범한 직장인으로 지내다가 남몰래 위험에 처한 사람을 구하는 것을 낙으로 삼으며 하루하루를 버틴다. 부인 Elastigirl 역시 몸을 마음대로 고무줄처럼 늘리는 능력을 가진 heroine이지만 평범한 주부로 살아간다. 이 부부 사이에서 태어난 세 아이들도 엄마와 아빠를 닮아서 모두 특별한 능력을 가졌다.

따분한 일상을 보내던 어느 날 Mr. Incredible에게 정체불명의 인물로부터 특명이 떨어진다. 출동할 곳은 외딴 섬. 누가 지령을 내렸는지도 알 수 없는 1급 비밀작전이다. Mr. Incredible은 오랜만에 맡은 임무에 들뜬 마음으로 영웅 복장을 챙겨서 목적지로 떠난다. 그런데 사건은 예기치 않은 방향으로 전개되고 결국 온 가족이 휘말려들고 만다. 그들은 무사할 것인가? 그리고 다시 왕년의 빛나는 영웅으로 복귀할 수 있을까?

The Incredibles | 사람의 이름 앞에는 the를 붙이지 않는다. 그런데 이 규정에 두 가지 예외가 있다. 유명인사를 말하면서 동명이인의 다른 인물이 아니라 '바로 그 사람'이라는 걸 강조하는 뜻으로 쓰일 때(이때 발음은 '더'가 아니라 '디'), 그리고 성 앞에 the를 붙여 한 가족을 총칭할 때. 따라서 The Incredibles는 '인크레더블 씨네 가족' 혹은 '인크레더블 씨네'를 뜻한다.

ex. A: I worked with Tom Cruise. 난 톰 크루즈와 같이 일했어.
　　 B: You mean the Tom Cruise? 그러니까 그 유명한 톰 크루즈 말이야?

SCENE # 1 FREEZE! ||||||||||||||||||||||||||||||||||||||||||||||

신분을 감춘 채 화재로 무너지는 건물에서 구조활동을 펼치는 Mr. Incredible과 그의 친구 Frozone. 이름에서도 알 수 있듯이 Frozone은 몸 속의 수분을 이용해 얼음을 만드는 능력을 가진 초능력자다. 건물의 출구가 막히자 벽을 뚫고 옆 건물로 탈출한 두 사람. 문제는 그곳이 바로 보석가게였다는 것. 두 사람의 침입으로 보석가게의 도난경보기가 울리자 경찰이 출동하고 두 친구는 보석 강도로 오해를 받는데….

Police officer Freeze!

  Frozone I'm thirsty. (물통으로 손을 뻗으며)

Police officer I said freeze!

  Frozone I'm just getting a drink. (물을 한잔 마신다)

Police officer Alright. You've had your drink. Now I want you to…

  Frozone I know. I know. Freeze. (얼음을 쏘아서 경찰을 굳혀버린다)

      …총소리가 들린다….

 Police radio Shots fired!

Police officer Police officers! (보석가게로 들이닥치며)

  Frozone That was way too close. We are not doing that again. (Mr. Incredible 에게)

경찰 꼼짝 마라!
프로존 목이 말라요. (물통으로 손을 뻗으며)
경찰 꼼짝 말라 했다!
프로존 물 한 잔만 합시다. (물을 한잔 마신다)
경찰 물을 마셨으니 이제…
경찰 알았어요. 얼어 버려! (얼음을 쏘아서 경찰을 굳혀버린다)
　　　…총소리가 들린다….
경찰 무전기 총소리다!
경찰 경찰이다! (보석가게로 들이닥치며)
프로존 너무 아슬아슬했어. 우리 다신 이런 짓 하지 말자. (Mr. Incredible에게)

freeze 얼다; 꼼짝 마　**thirsty** 목마른, 갈증이 난　**fire** 발포하다; ~에 불을 지르다, 방화하다

Freeze! 꼼짝 마라! 경찰이 보석가게 안에서 복면을 한 Mr. Incredible과 Frozone을 보고 강도로 오인해서 소리친다. 아무리 사람의 생명을 구했다고 하더라도 영웅들의 활약이 금지된 상황에서 체포될 경우 난처한 상황에 처하게 될 두 사람. 이처럼 경찰과 대치 중인 상황에서 Frozone은 얼음으로 어떻게 대처해 보려 하는데 화재 현장에서 체수분이 모조리 증발해 버려서 얼음을 만들 수도 없는 상태다. 그래서 Frozone은 물을 마시고자 경찰의 경고에도 불구하고 **I'm thirsty**목이 말라요라며 물통으로 손을 뻗는데 긴장한 경찰관은 한 번 더 **I said freeze!**꼼짝 말라 했다!라고 경고한다.

freeze	얼리다, 얼다; 꼼짝 마라
price-freeze	물개[가격] 동결
wage-freeze	임금 동결
freeze-dry	동결 건조하다
freeze-frame	(영화의) 정지 화면
freezer	냉동실, 냉동고

I'm just getting a drink. 물 한 잔만 합시다. 잡히면 끝장이라는 사실을 아는 Frozone은 유들거리며 물통으로 손을 뻗는다. 물을 마시는 것까지 봐준 경찰은 **You've had your drink. Now I want you to...** 물을 마셨으니 이제...라며 다시 Frozone을 재촉한다. Frozone이 못 이기는 척 **I know. Freeze!**라고 대답하는데 여기서 재미있는 점은 보통 **freeze**는 '꼼짝 마라' 혹은 '얼어라'라는 두 가지 의미 중 하나로 쓰이지만 이 장면에서 Frozone의 **freeze!**는 '꼼짝 마라'와 '얼어 버려' 두 의미를 동시에 쓴 **double meaning**이라는 것.

drink | 음료, 마실 것, 술 **ex.** soft drink 청량음료
drink to~ | ~을 위해 건배하다
ex. Do you drink? 술을 하십니까?
I don't drink. 술을 못 합니다.
I'm a social drinker. 저는 상황이나 분위기에 맞춰서 가볍게 합니다.
All raise your glasses and drink to Michelle! 모두 술잔을 들고 미셸을 위해 건배합시다.

That was way too close. We are not doing this again. 너무 아슬아슬했어. 우리 다신 이런 짓 하지 말자. 경찰들을 얼려 놓고 도주에 성공하는 두 사람. Frozone이 Mr. Incredible에게 걱정스레 하는 말이다.

close	가까운, 친한; 아슬아슬한; 끝나다; 잠그다		
a close game	아슬아슬한 게임	a close vote	아슬아슬한 표결
way too	(부정적 의미) 너무 지나치게 ~		
way too close	너무 아슬아슬한	way too hot	너무나 매운
	ex. Too much is as bad as too little. 과유불급(過猶不及)과 유사한 뜻		

> **Heroes may not be braver than anyone else. They're just braver five minutes longer.**
> 영웅이란 다른 사람들보다 용감한 이들이 아니다. 그들은 다만 5분 더 용감할 뿐이다.
> _로널드 레이건(Ronald Reagon)의 묘비명

>>> Great Words

DIRECTOR'S CUT

freeze를 몰라 억울하게 죽은
일본 고등학생 하토리군

1992년 10월, 교환학생으로 미국에 머물던 요시히로 하토리라는 일본 고등학생이 루이지애나 주의 수도 바톤루지 시에서 총상을 입고 사망하는 사건이 일어났다. 당시 할로윈 파티에 초대 받고 그 집을 찾던 하토리군은 번지를 잘못 찾아 엉뚱한 집으로 갔다. 집주인 페어스는 하토리군을 가택침입자로 오인해 어둠 속에서 44구경 매그넘을 겨누며 Freeze!라고 소리질렀다. 하지만 이 말의 뜻을 몰랐던 하토리 군은 계속 움직였고 집주인은 할로윈 파티를 위해 존 트라볼타 변장을 하고 있던 하토리 군을 사살했다. 이윽고 집주인은 법정에 섰지만 배심원단은 단 세 시간 만에 그에게 무죄를 선고해 일본인들을 분노케 했다. 그러나 배심원단 없이 진행된 민사 재판에서 사건을 담당했던 판사는 살인은 어떠한 경우에도 정당화될 수 없다며 유죄 판결을 내리고 배상금 65만 3천달러를 지급하라는 판결을 내렸다. 하토리 군의 부모는 그 돈으로 두 개의 재단을 설립했다. 하나는 미국 고등학생을 일본으로 초청해서 총기 없이 사는 사회가 얼마나 안전한 것인지 경험하게 하는 프로그램을 운영하는 재단이고, 또 하나는 미국 내의 총기 규제 로비단체에 기금을 지원하는 재단이다.

Driver's License 운전면허증를 따는 것보다 더 수월하게 총기를 합법적으로 구입할 수 있는 미국에서는 크고 작은 총기 사건이 끊이질 않는다. 심지어 우범지역의 학교에는 총기 반입을 막기 위해 metal detector 금속 탐지기가 설치되고 무장 경관이 근무하는 곳도 있다. 사태가 이 지경이 되다 보니 미국 국민의 대다수가 강력한 총기 규제를 원하고 있다. 하지만 congress 의회에서는 지금처럼 자유롭게 총기를 소지할 수 있어야 한다는 총기 규제 반대파와 총기 규제파가 팽팽하게 맞서고 있다. 이처럼 Gun Control총기 규제은 hot potato뜨거운 감자이다.

총기 소지 지지파는 그 주장의 근거를 Constitution헌법의 the Bill of Rights권리 장전에 있는 '미합중국의 시민은 right to keep and bear arms총기를 소지할 권리가 있다' 라는 조항에서 찾는다. 또한 총기 소지를 불법화하면 범법자들만 총기를 가질 수 있게 되어서 선량한 시민은 방어할 권리를 박탈당한다는 주장도 한다. 얼핏 들으면 일리가 있다. 하지만 이는 총기 소지가 불법인 나라들의 상대적으로 좋은 치안 상태와 비교해보면 설득력을 잃는다. 실제 집 안에 둔 총기로 목숨을 잃는 사람은 강도나 침입자가 아니라 바로 그 가족인 경우가 훨씬 많다. 충동적으로 자살하고, 하찮은 일로 다투다가 홧김에 총을 쏘기도 하고, 아이들이 총을 가지고 놀다가 오발 사고로 죽기도 한다.

한편 미국은 땅덩이가 하도 크다 보니 사냥총이 필요한 곳이 있긴 하다. 집 마당에 야생동물들이 출몰하는 깡촌에는. 가장 무서운 놈은 grizzly bear덩치 큰 갈색 곰. 이 놈은 산만 한 덩치에 달리기, 수영, 나무 오르기 등 못하는 게 없으니 맨손으로 대항할 수가 없다. 이런 특정지역을 제외하고는 총기 규제를 하지 않을 이유가 없다.

미국 헌법에는 right to keep and bear arms총기를 소지할 권리라는 조항이 분명 존재한다. 그러나 그것을 근거로 규제를 반대한다는 것은 anachronistic시대착오적 주장이 아니겠는가. 법이란 사람을 위해 존재해야 하며 사람 위에 군림에서는 안 될 일이다.

미국에서 총기 규제를 강력히 반대하는 조직은 엄청난 로비력을 자랑하는 NRA(National Rifle Association)미국총기협회인데, 그들의 주장 뒤에는 엄청난 금전적, 사업적 이해관계가 얽혀 있다. 미국 총기 관련 문제에 대해 더 알고 싶으면 마이클 무어 감독의 영화 〈Bowling For Columbine볼링 포 콜럼바인〉을 추천한다.

한국 거주 미국인들에게 한국이 가장 좋은 점을 꼽아보라면 거의 다 "I feel safe"라 한다.

SCENE # 2 ALL THAT JAZZ...

하루 아침에 근무하던 insurance company보험회사에서 해고당한 Mr. Incredible. 그런데 해고와 동시에 정체를 알 수 없는 어떤 인물에게 스카우트된다. 새로 부여받게 될 임무는 15년 전 손을 뗄 수밖에 없었던 '영웅' 업무를 (아무도 몰래) 재개하는 것이다. 두둑한 보수까지 받는다니 금상첨화가 아닐 수 없다. 이런 속사정을 알 수 없는 아내 헬렌, 남편이 보험회사에서 승승장구 하는 줄만 알고 좋아한다. Helen은 Elastigirl의 본명이고 Bob은 Mr. Incredible의 본명이다.

Helen Hurry, honey. Or you'll be late for work.
Helen Have a great day, honey.
Bob Thanks.
Helen Help customers, climb ladders...
Bob Bring bacon?
Helen All that jazz.

헬렌 여보, 서둘러. 안 그러면 회사 늦겠어.
헬렌 좋은 하루 보내요!
밥 고마워.
헬렌 고객들 도와주고, 출세도 하고….
밥 돈도 벌어오고?
헬렌 그걸 포함해서 기타 등등.

Help customers, climb ladders. 고객들 도와주고, 출세도 하고… 남편이 보험회사에서 승승장구하는 줄만 알고 남편 출근길에 행복해하는 헬렌. 여기서 climb ladders는 뭘까? 직역하면 '사다리를 오르다' 이지만 여기서는 '출세하다' 라는 뜻이다.

climb	오르다, 기어오르다, 상승하다
ladder	사다리; 신분·지위의 단계
climb ladders	사다리를 오르다; 출세하다
social climber	입신 출세주의자, 특히 상류 계급에 끼고 싶어 하는 사람, 야심가(경멸조)
social ladder	사회적 지위, 사회계층
	ex. Babies who are breastfed are more likely to move up the social ladder as adults.
	모유를 먹고 자란 아이들은 어른이 되면 타고난 사회적 지위보다 더 높이 올라갈 확률이 높다.

Bring bacon? 돈도 벌어오고?이라고 응수하는 밥. 직역으로는 "베이컨을 가져오다" 라는 의미지만 '돈을 벌어 오다, 성공하다' 의 뜻이다. 비교하자면 우리나라의 '밥벌이 하다' 와 일맥상통한다. 우리나라에서는 밥이 주식이니 '밥벌이 하다' 라 하고 미국은 베이컨을 아침 식사에 많이 먹으니 **bring home the bacon**이라는 것으로 보면 쉽다.

Bacon

Bacon은 음식이자 사람의 성(姓, family name)이기도 하다. 가장 유명한 Bacon은 영국의 수필가 겸 철학자인 Francis Bacon 프랜시스 베이컨. 또 악역을 마다하지 않는 배우 Kevin Bacon케빈 베이컨도 있다. 음식이 성(姓, family name)인 경우는 더 있다. 미국 유명 여자 축구선수 Mia Ham처럼 '햄' 도 있고, former Secretary of State전 미 국무부 장관 Condoleezza Rice콘돌리자 라이스처럼 '벼, 쌀, 밥' 인 사람도 있는가 하면,' Bean콩' 은 물론이고, 'Barley보리' 도 있고, 'Cake케이크', 'Cake-bread케이크 빵' 도 있는데 그중 압권은 'Butterman' 이다. 아, 참 Lard돼지기름, 비계도 있다

all that jazz. 그걸 포함해서 기타 등등 라고 헬렌이 맞장구 치는데 속어인 all that jazz는 'that kind of thing', 즉 '기타 등등, 그 비슷한 것들'이라는 뜻이다. 주로 단어나 문장을 쭉 열거하다가 '기타 등등' 하는 식으로 정리할 때 쓴다. I played baseball, tennis, golf, and all that jazz라고 하면 '저는 야구, 테니스, 골프 등등 그런 것을 즐겼습니다'라는 뜻이다. all that jazz는 재즈 음악과 관련이 없지만 '그 모든 재즈 선율'이라는 뜻으로 음악과 연관시켜서 재치 있게 쓸 수도 있다. 1980년 칸 영화제에서 황금종려상 Golden Palm을 수상한 〈All That Jazz〉라는 이름의 재즈 뮤지컬 영화가 있다. 또 르네 젤위거 Renee Zellweger가 주연한 2002년 작 뮤지컬 영화 〈Chicago 시카고〉에 나오는 노래 중 〈All That Jazz〉라는 곡도 있다. 가사를 보면 '그리고 기타 등등'이라는 뜻과 '그 모든 재즈 선율'이라는 두 의미를 double meaning으로 노래 속에서 위트 있게 응용한 play of words 언어 유희가 펼쳐진다.

Mr. Incredible is totally out of shape. 인크레더블 아저씨의 몸매가 정말 엉망이다. 왕년의 날렵했던 몸매는 흔적도 없는, 중년에 접어든 Mr. Incredible은 두툼한 spare tire 허리둘레 군살를 끼고 사는 아저씨가 되었다. 허리둘레의 군살을 spare tire라고 하는 이유는 꼭 타이어를 허리에 끼고 있는 모습 같다고 해서 생긴 표현이다. 미셸린 타이어의 겹겹이 통통한 하얀 마스코트를 상상해 보시라. spare tire와 비슷한 뜻으로는 love handles도 있다. 차이는 spare tire는 머릿속에 그려지는 이미지대로 앞뒤 양 옆을 아우르는 '똥배'인 데 반해 love handles는 핸들처럼 양 손에 척 잡히는 옆구리 군살을 뜻한다. 두 표현 다 여성보다는 남성에게 더 많이 쓴다

Elastigirl 역시 날렵하던 젊은 시절에 비하면 엉덩이와 허벅지에 집중적으로 살이 붙은 자기 뒷모습을 거울에 비추어 보며 무너진 몸매에 한숨을 쉬는 장면이 나온다. 나이가 들어가면 몸매가 서서히 망가지는 건 누구나 마찬가지지만 백인들은 동양인들보다 신체적 성숙도가 빠르다 보니 **aging**노화도 빨리 온다. 10대 동양인 소녀들은 아직 앳되어 보이지만 10대 백인 소녀들은 벌써 성숙한 여성의 외모가 된다. 놀라지 마시라. 테니스 스타 마리아 샤라포바Maria Sharapova와 문근영이 1987년생 동갑이라니!

Mr. Incredible은 지독한 **square face**사각형 얼굴를 가졌다. 그뿐 아니라 미국 만화 영화의 남자 영웅들은 거의 다 각진 얼굴을 하고 있다. 백인들의 가장 흔한 얼굴형은 길거나 **oval face**갸름한 얼굴형이다 보니 흔하지 않은 강인한 인상을 주는 각진 턱이 더 어필한다고 보면 된다. 톰 크루즈Tom Cruise, 브래드 피트Bradley Pitt, 또 로버트 패틴슨Robert Pattinson 등 많은 배우들도 사각턱이다. 여성의 사각턱도 너무 심하지 않으면 흠이 아니니 카메론 디아스Cameron Diaz, 산드라 블록Sandra Bullock, 기네스 펠트로Gwyneth Paltrow, 키라 나이틀리Keira Knightly 등 사각턱 여배우는 수두룩하다. 패리스 힐튼Paris Hilton도 심한 사각턱인데, 돈이 넘쳐나는 그녀가 **breast augmentation surgery**유방확대 수술를 하면서 턱은 그대로 둔 이유는 흠이 아니기 때문이다. 또 흥미로운건 **cheekbone**광대뼈에 대한 미적 기준이다. 광대뼈가 도드라진 얼굴이 흔한 극동지역과는 달리 광대뼈가 밋밋한 얼굴이 흔한 미국에서는 **high cheekbone**을 선호해서 광대뼈를 도드라지게 하는 성형수술을 하는 배우들이 꽤 있다. **High**

cheekbones are graceful and feminine 도드라진 광대뼈는 우아하고 여성스럽다라고 하면서. 또 흥미로운 건 동양권에서 코 성형은 낮은 코를 높이는 수술이 주를 이루지만 미국에서는 특히 여성의 큰 코를 별로 안 좋아하기 때문에 코를 좀 낮게 깎는 성형을 한다는 것. 이처럼 자신들에게 흔하지 않은 외모를 선호하는 현상은 일본 만화에서도 두드러지는데 기형적으로 가늘고 긴 팔다리는 그렇다 치고 만화 주인공들은 남녀의 구분도 모호할 정도로 왕방울 눈에 긴 속눈썹을 가졌다.

face	**oval face** 계란형 얼굴 **egg-shaped face** (구어)
	square face 사각형 얼굴
	round face 동그란 얼굴
	long face 좁고 긴 얼굴
	pear shaped face, triangular face 삼각형 얼굴
	heart shaped face 역삼각형 얼굴
nose	**roman nose, aquiline nose, hook nose** 매부리 코
	upturned nose 들창코
	crooked nose 휜 코
	big nose 큰 코(주먹코)
	long nose 높고 뾰족한 코
eye	**single eyelid** 외꺼풀
	double eyelid 쌍꺼풀

oval face

square face

long face

round face

〈Hancockk 핸콕〉

It's not easy to live because I am different.

사는 게 쉽지 않습니다. 남들과 달라서요. 〈Hancock 핸콕〉

　사람들은 영화 속 영웅들을 보며 그들의 능력을 부러워하곤 한다. 하지만 어쩌면 그들은 특별한 능력 때문에 오히려 살아가기가 만만치 않을 수 있다. 여기 남들과 다르기 때문에 살아가기가 힘들다고 고백하는 까칠한 영웅의 이야기가 있다. 바로 〈Hancock핸콕〉.
　〈Hancock〉의 내용을 한 마디로 말하자면 주정뱅이 깡패 슈퍼히어로 핸콕(윌 스미스 분)의 사회적응 프로젝트라고 할 수 있다. 힘도 세고, 하늘을 날 줄 아는 데다 총알도 뚫지 못하는 몸을 가졌지만 그에게는 슈퍼맨 같은 멋진 매너가 없고, 스파이더맨처럼 시민의 영웅 대접을 받지도 못한다. 범인만 잡고 사람만 구하면 "도로파손, 건물파괴, 물난리, 화재" 등의 사건사고는 신경 쓰지 않는다. 기껏 사람들을 구해줘도 욕을 먹는 핸콕은 한마디로 social misfit 사회부적응자다. 그런 핸콕이 본인의 도움으로 죽음의 위기를 모면한 PR(public relations, 홍보) 전문가 레이(제이슨 베이트먼 분)의 도움으로 어설프게나마 멋진 슈트와 매너를 갖추며 조금씩 사회화되어 가는 과정을 그린 영화다.

Legally Blonde

I would pick the dangerous one because I'm not afraid of a challenge.
위험한 쪽을 택할래요. 난 도전이 두렵지 않으니까요.

STEREOTYPE #2

금발이 너무해

아만다 브라운의 동명 소설을 원작으로 한 〈금발이 너무해〉. '멍청한 금발'이라고 무시당하는 한 여대생이 하버드 법대에 진학해 '금발은 곧 백치미의 상징'이라는 세상의 편견을 깨고 성공한다는 코미디다. 리즈 위더스푼이 주인공 엘 우즈로 출연한 이 영화는 개봉 첫 주 미국에서 2,038만 달러를 벌어들이며 1위를 차지했는데, 역대 MGM 사가 그때까지 배급한 코미디 영화 중 가장 높은 개봉 주말 성적이었다.

It is with passion, courage of conviction and strong sense of self that we take our next steps into the world.
열정과 용감한 신념과 강한 자신감으로 세상으로 나가겠습니다.

You must always have faith in people and most importantly you must always have faith in yourself.
사람에 대한 믿음을 항상 가져야 하며, 가장 중요한 것은 언제나 자신을 믿어야 한다는 거죠.

The Best Quotes

First impressions are not always correct.
첫 인상이 항상 옳은 것은 아니에요.

I have come to find that passion is a key ingredient to the study and practice of law and of life.
저는 깨달았습니다. 열정은 법률과 인생에 있어서 가장 중요한 요소라는 걸.

STORYLINE

대학에서 패션을 전공하는 금발의 엘 우즈는 남부러울 것 없는 여대생이다. 부유한 집안의 딸인 그녀는 인생이 즐겁기만 하다. 학교에서 club서클의 회장도 맡고 있고, 학내 달력에도 미스 6월로 올라 있다. 게다가 하버드 law school법률대학원 진학을 앞두고 있는 남자 친구 워너는 내로라하는 명문가 자제이다. 그야말로 행복한 나날을 보내고 있는 엘의 꿈은 오로지 워너와 결혼해서 행복한 가정을 꾸리는 것뿐.

그런 그녀에게 시련이 닥친다. 워너가 특별한 저녁식사를 하자고 한 날. 결혼 프로포즈를 받을 기대감에 잔뜩 부풀어 새 옷까지 사 입고 나간 자리에서 엘은 워너에게 비참하게 차이고 만다. 이유인 즉슨 뼈대 있는 정치가문의 전통을 이어받아 정치인으로 성공하려면 아내로는 '메릴린 먼로' 대신 '재클린 케네디'를 얻어야 하기 때문이라는 것. 즉 엘은 정치인의 아내로는 underqualified함량 미달이라는 것이다.

엘은 절망한다. 하지만 워너가 원하는 똑똑한 여자가 될 수 있음을 증명해 보이겠다는 오기 하나로 각고의 노력 끝에 하버드 법대에 입학한다. 그녀는 수수한 옷차림에 공부밖에 모르는 범생이들로 둘러싸인 그곳에서 핑크 일색의 튀는 옷차림과 행동으로 주위의 눈총과 따돌림을 받는다. 그러나 기죽지 않고 주어진 상황에서 최선을 다해 주위의 인정을 받기 시작한다. 이 과정에서 교수를 도와 살인사건 재판을 승소로 이끄는 등 'dumb blonde멍청한 금발녀'에 대한 고정관념을 깨 나간다.

SCENE # 1 DUMB BLONDE

엘이 워너와 저녁식사 약속을 잡은 날. 청혼을 받으리라 예상한 엘은 특별한 데이트에서 입을 특별한 옷을 사러 친구들과 쇼핑을 간다. 옷가게 점원은 엘을 돈 많고 멍청한 금발로 얕잡아 보고 철 지난 옷을 비싸게 팔아 넘기려 한다.

Friend1　I think you should go with the red. It's the color of confidence.

Friend2　I don't understand why you're disregarding your signature color.

Elle　He's proposing. I can't look like I would on any other date. This is the date... the night I'll always remember. I want to look special. Bridal.

Sales person　There's nothing I love more than a dumb blonde with daddy's plastic. (혼잣말로)

Sales person　Did you see this one? We just got it in yesterday. (철 지난 옷을 보여주며)

친구1　빨간 옷을 입어. 자신감의 색깔이거든

친구2　난 네가 왜 네 고유의 색상을 무시하는지 모르겠어.

엘　프로포즈 받는 날에 여느 날처럼 입고 나갈 수는 없잖아. 내 기억에 길이길이 남을 데이트란 말이지. 난 특별해 보이고 싶어. 신부 느낌 같은 거 말야.

점원　난 아빠의 신용카드를 들고 온 멍청한 금발녀가 제일 좋더라. (혼잣말로)

점원　이 옷은 어때요? 어제 막 들어온 건데. (철 지난 옷을 보여주며)

It's the color of confidence. 자신감의 색깔이거든. 워너와의 멋진 데이트 준비 차 친구들과 쇼핑을 온 엘에게 한 친구가 자신감의 색이라며 빨간 옷을 권한다. 그러자 다른 친구는 원래 엘이 가장 사랑하는 핑크색을 추천하며 말한다. "I don't understand why you're disregarding your signature color.난 네가 왜 네 고유의 색상을 무시하는지 모르겠어." your signature color는 '당신 고유의 색'이라는 의미. signature 는 '서명'이라는 뜻으로 가장 많이 알려져 있지만 '고유의 특색, 특징'의 의미로도 쓰인다.

그런데 서명은 signature 말고 autograph라고도 한다. 둘의 차이는 signature는 서류나 서신에 서명하는 것이고 autograph는 유명인들의 기념 서명이다. 그리고 sign은 '서명하다'란 동사이므로 sign과 signature를 엮어서 Sign your signature 라고 하면 틀린다. 참고로 미국 서류에 서명란은 보통 Sign here ___X___ 이렇게 되어 있다. 왜 X 표시가 되어 있을까? 이유는 본인 이름을 쓸 줄 모르는 문맹자가 서명할 때 X를 그렸기 때문이다. 실제로 미국의 illiteracy rate문맹률는 한국보다 높다. 덧붙이자면 컴맹은 computer illiterate.

signature	(서류나 서신에) 서명; 고유의, 특유의 cf. sign 서명하다(동사)
autograph	유명인의 기념 서명
	ex. Could I have your autograph?
	(유명인에게) 사인 좀 해 주시겠어요?
	Please sign here. 여기 서명해 주십시오.
	Please sign your name here. 여기 서명해 주십시오.
	Pavarottil wearing his signature Hermes scarf performed with guest Italian soprano Simona Todora.
	특유의 에르메스 스카프를 두른 파바로티는 이탈리아 출신의 초빙 소프라노 시모나 토도라와 함께 공연했다.

He's proposing. 그가 청혼을 할 거야. 워너가 propose프로포즈를 하리라 생각하고 잔뜩 기대에 부푼 엘. 워너와 결혼하여 행복한 가정을 꾸미는 꿈에 들떠 있다.

Speaking of weddings... 결혼식 말이 나온김에… 미국 사람들의 결혼식 선물 문화는 어떨까? wedding invitation청첩장을 받아보면 이렇게 써 있다. **The couple is registered at** (백화점 이름) 이는 예비 신랑신부가 그 백화점에서 받고자 하는 결혼 선물 리스트, 즉 **registry**를 만들었다는 뜻. 하객들은 그곳에서 그 커플 이름으로 작성된 **registry**에 올라있는 품목을 산다. 그러면 그 품목이 **registry**에서 지워져서 선물 중복을 막는다.

wedding	결혼식	cf. marriage	결혼
bridal	신부의, 혼례의	bridal shop	웨딩숍
bridal shower	예비 신부를 위한 파티		
bride	신부	cf. bridesmaid	신부 들러리
groom	신랑	cf. best man	신랑 들러리

>>> **Great Words**
Keep your eyes wide open before marriage, half shut afterwards.
결혼 전에는 눈을 크게 뜨고, 결혼 후에는 반쯤 감아라.
_벤자민 프랭클린(Benjamin Franklin)

There's nothing I love more than a dumb blonde with daddy's plastic. 난 아빠의 신용카드를 들고 온 멍청한 금발녀가 제일 좋더라. 한창 들떠 있는 엘과 친구들을 보고 가게 주인이 회심의 미소를 띠며 혼잣말을 한다. **plastic**은 구어체로 **credit cart** 즉 신용카드를 뜻한다. 아빠에게 용돈을 듬뿍 받는 **daddy's girl**처럼 보이는 엘에게 안 팔리는 옷을 비싼 가격으로 떠안기려는 꿈수다. **daddy's girl**은 아빠가 공주처럼 떠받들어 키우는 딸을 말한다. 한편 마마보이는 영어로 **mama's boy**.

원작자 Amanda Brown 아만다 브라운

동명의 소설을 토대로 제작된 이 영화의 원작자는 아만다 브라운. Stanford Law School스탠포드 법률 대학원 총 3년 과정 중 2년만 다니고 중퇴한 아만다에 따르면 주인공 엘의 세계에 자신의 경험이 아주 많이 녹아 있다고 한다. 법대가 적성에 맞지 않았던 그녀는 수업시간에 잡지를 읽거나 친구들에게 편지를 쓰면서 시간을 보냈다.

그러다 보니 친구들에게 보낸 편지만도 수백 페이지가 넘었는데, 그 편지 내용이 어찌나 재미있던지 친구들은 그녀의 편지가 도착하기를 손꼽아 기다렸고 급기야 사람들을 모아놓고 편지를 공개 낭독까지 하게 되었다. 이 편지 내용을 raw material원재료로 무언가를 하라고 부추겼던 친구들의 열렬한 성원으로 용기를 얻어 책을 쓰게 됐다는 아만다는 스스로 주인공 엘과 공통점이 있다고 한다. 쇼핑광이라는 것과 학교에 다니는 동안 가장 친한 친구가 애완견이었다는 것. 역시 적성에 맞지 않는 것을 괴롭게 하는 것보다 즐겁게 할 수 있는 일에 몰두하는 게 정답이다. 노자도 그렇게 말했다.

> In governing, don't try to control. In work, do what you enjoy.
> 통치할 때는 지배하려 하지 말고 일에 있어서는 좋아하는 일을 하라.
>
> Lao-tzu 노자

SCENE # 2 MARILYN MONROE OR JACQUELINE KENNEDY?

당연히 청혼을 받으리라 믿고 때 빼고 광 내고 새 옷까지 사 입고 데이트 장소에 나온 엘. 그런데 워너에게 청천벽력 같은 결별 선언을 듣고 만다. 미래가 촉망되는 자신에게 엘은 배우자로서 함량 미달이라는 것.

Warner　I plan on running for office someday.

Elle　I fully support that. You know that.

Warner　Absolutely. But the thing is, if I'm going to be a senator by the time I'm thirty, I need to stop dicking around.

Elle　Warner, I completely agree.

Warner　That's why I think it's time for us Elle, pooh Bear, I think we should break up.

Elle　What? You're breaking up with me? I thought you were proposing.

Warner　Proposing? Elle, if I'm going to be a senator, I need to marry a Jackie, not a Marilyn.

Elle　You are breaking up with me because I'm too blonde?

Warner　No. That's not entirely true.

Elle　Then what? My boobs are too big?

…중략…

Warner　You have no idea of the pressure that I'm under. My family has five generations of senators.

워너 난 언젠가 정계에 입문할 거야.
엘 난 전적으로 지지해. 알고 있겠지만.
워너 그렇지. 그러니까 내가 서른 살 즈음 상원의원이 되려면 이젠 그만 놀아야 해.
엘 워너, 전적으로 동감이야.
워너 그래서 말이야 엘, 우리 곰순이, 우리 헤어져야 할 것 같아.
엘 뭐? 헤어진다고? 난 네가 청혼하려는 줄 알았는데.
워너 청혼? 엘, 내가 상원의원이 되려면 난 '메릴린'이 아니라 '재키'와 결혼해야 돼.
엘 내가 너무 금발이라 헤어지자는 거야?
워너 꼭 그런 건 아니야.
엘 그럼 뭐야? 내 가슴이 너무 커서?

…중략…

워너 난 집에서 많은 압력을 받고 있어. 우리 집안은 5대째 상원의원을 배출해 온 가문이거든.

run for office 공직에 출마하다　**support** 지지하다, 지원하다　**absolutely** 절대적으로　**senator** 상원의원　**dick around** 빈둥거리다, 장난치다　**break up** 헤어지다, 이별하다　**boob** (속어) 여성의 가슴　**pressure** 압력, 부담　**generation** 세대

I plan on running for office someday. 난 언젠가 정계에 입문할 거야. 워너가 미래의 자신의 포부까지 밝히자 엘은 곧이어질 청혼의 말을 기대하며 말한다. **I fully support that** 난 전적으로 지지해.

office	관직, 공직, 사무실, 근무처, 대학 교수 연구실
Oval Office	미 대통령 집무실
back office	고객을 직접 상대하지 않는 (후선) 부서
run for office	공직에 출마하다

if I'm going to be a senator by the time I'm thirty, I need to stop dicking around. 내가 서른 살 즈음 상원의원이 되려면 이젠 그만 놀아야 해. 라는 워너. 말하는 분위기만 보면 당장이라도 결혼하자는 말이 나올 것 같다.

dick around	spend time idly or fool around 즉, 빈둥거리다, 장난치다; be sexually promiscuous(성적으로 문란하다)라는 저속한 표현
dick	남성의 음경; Richard라는 이름의 애칭. 미국의 전 부통령 딕 체니의 본명도 Richard Bruce Cheney이다.
every Tom, Dick and Harry	어중이 떠중이 **ex.** That golf club is very exclusive. It won't let every Tom, Dick, and Harry join. 그 골프 클럽은 회원을 엄선하는 고급 클럽이다. 아무나 받아주지 않는다.

I think we should break up. 우리 헤어져야 할 것 같아. 라고 워너의 입에서 엘이 기대한 것과는 전혀 다른 말이 튀어나온다. 엘에게 이별을 고하는 워너. 왜 헤어져야 하는지 도무지 이해가 안 되는 엘은 심지어 **My boobs are too big?** 내 가슴이 너무 커서? 라고 따진다. **boobs**는 여자의 가슴을 뜻하는 속어.

break up	사귀다 헤어지다
	ex. Sean and Gina broke up last month. 션과 지나는 지난달에 깨졌어요.
dump	(사귀다) 차버리다; 내버리다, 쾅 떨어뜨리다, 쏟아버리다
dump truck	덤프 트럭 **take a dump** (속어) 똥누다
get dumped	차이다
	ex. Sean dumped Gina. 션이 지나를 찼어요.
	Gina got dumped. 지나는 사귀다가 차였어요.
stand ~ up	~를 바람맞히다
	ex. He stood me up. 걔가 나를 바람맞혔어.

I need to marry a Jackie, not a Marilyn. 난 메릴린이 아니라 재키와 결혼해야 돼. 라고 워너가 헤어지는 이유를 설명하는데 그건 자신이 **senator**상원의원가 되려면 메릴린이 아닌 재키가 필요하다는 것이다. 대체 '재키'는 누구고 또 '메릴린'은 누구란 말인가? '재키'는 케네디 전 대통령의 부인이었던 재클린 케네디Jacqueline Kennedy를, 메릴린은 케네디 대통령과 염문을 뿌린 그 유명한 섹스 심벌 메릴린 먼로 Marilyn Monroe를 말하는데 대대로 상원의원을 배출한 명문가 자제인 워너는 정계에서 성공하려면 메릴린 먼로로 상징되는 **dumb blonde**금발의 멍청이가 아닌 재키로 상징되는 지적이고 우아한 여자를 배우자로 맞아야 한다는 것이다. 워너에게 엘은 한때 데리고 논 **dumb blonde**일 뿐.

dumb blonde라는 표현은 지극히 성차별적으로 쓰인다. 우리나라 말에 '백치미'가 여성 전용이듯이 **blonde**도 여성용이다. 그런데 1992년 6월 15일, 드디어 '금발 멍청이'의 성(性)벽을 허무는 '**potato** 사건'이 미국에서 터졌다. 당시 부통령이던 댄 퀘일 Dan Quayle이 바로 그 사건의 주인공. 방문한 한 학교 교실에서 그의 비극이 클라이맥스로 치닫게 된다. 그날 12세 피게로아 Figueroa 군이 칠판에 **potato**라고 받아쓰기를 했는데 퀘일이 틀렸다고 지적하며 **potatoe**라고 고쳐 쓰라 했던 것이다. 그런데 감자는 단수로는 **potato**, 복수로는 **potatoes**다. **tomato**(단수)와 **tomatoes**(복수)처럼. 여하간 철자법을 틀려 어린 학생들 앞에서 망신을 당한 퀘일의 무식함은 온 천하에 드러났고 안 그래도 **just a pretty face** 얼굴만 예쁜 골 빈 인간이라는 비난을 업보처럼 달고 다녔던 퀘일은 이 사건으로 남자 **dumb blond**의 대명사로 등극함으로써 금발 멍청이의 성(性)벽을 허물어뜨렸다.

blond	금발 남성 혹은 성별을 구분하지 않는 경우
blonde	금발 여성

이 사건으로 유명세를 탄 피게로아 군은 한때 TV 토크 쇼 손님으로 초대되기까지 한 반면, 아버지 조지 부시 대통령과 퀘일 부통령 **running mate** 러닝메이트는 그 후 다섯 달도 안 되어 재선에 실패, 빌 클린턴 대통령과 앨 고어 부통령 팀에 정권을 넘겨주게 되었다.

이래저래 laughing stock웃음거리으로 전락한 퀘일을 보다 못한 그의 아내가 나서서 '내 남편은 멍청이가 아니다'라는 인터뷰를 하며 적극 반격을 도모하기도 했다. 갈색머리의 지적이고 똑똑한 변호사인 그녀의 이미지는 바로 '재키' 그 자체로 dumb blonde 의 이미지와는 딱 반대다. 하지만 그녀의 이름은 아이러니하게도 '메릴린'이다. full name은 메릴린 터커 퀘일Marilyn Tucker Quaylee.

Dan Quayle

오늘날까지 대표적인 dumb blond로 미국 정치사에 기억되고 있는 퀘일. law school법률 대학원 도 간신히 입학·졸업하고, 본인이 이룬 일이 별로 없는 퀘일이 부통령이 될 수 있었던 것은 잘 나가는 가문의 후광 덕분이었다. He was born with a silver spoon in his mouth그는 부잣집 도련님으로 태어났다. 하지만 미국은 대물림한 것 보다 스스로 일어선 self-made man자수성가한 사람을 더 인정해 준다. 왜냐면 몇백 년 전 첫 settlers정착자들가 미국 땅에서 대부분 빈손으로 비슷한 출발점에서 시작했던 그 기억이 각인되어 있기 때문이다. 이제는 더 이상 '같은 출발선'이라는 게 현실이 아니더라도 말이다.

대단한 집안에서 태어나는 것은 분명히 축복이다. 그러나 그런 행운이 내 것이 아니라고 한탄하는 것은 정말 바보스런 짓이다. Heaven helps those who help themselves.진인사대천명盡人事待天命이라 했다. 스스로 행운을 만들고, 축복을 나눠 주는 사람들이 더 멋있지 아니한가!

They didn't see me, they saw their own lewd thought, then they white-masked them themselves by calling me the lewd one.

그들은 나를 본 것이 아니라 자신들의 음란한 생각을 본 것이다. 그리고 나를 음란하다고 비난함으로써 자신들은 순결한 척했다.

_메릴린 먼로(Marilyn Monroe)

20세기 최고의 섹스 심볼. 시대의 아이콘 메릴린 먼로. 허나 영화 속 대사처럼 그녀는 지적이고 우아한 재클린 케네디의 대척점에 있었다. 수많은 사람에게 동경의 대상이었으되 또 한편으로는 천박한 자본주의의 상징물로 여겨지기도 했다. 사람들은 그녀의 육체에만 눈길을 뒀을 뿐 내면에는 관심조차 없었다. 먼로의 말대로 사람들은 자신이 보고 싶은 것만을 그녀에게서 선택적으로 보았을 뿐이리라. 그녀가 남긴 어록에는 철저히 외면당했던 그녀의 지성과 여린 속내를 엿볼 수 있다.

Being a sex symbol is a heavy load to carry, especially when one is tired, hurt and bewildered.

섹스 심볼이란 건 지고 가기 버거운 짐이에요. 특히 피곤하고 상처입고 혼란스러운 때는.

A career is wonderful thing, but you can't snuggle up to it on a cold night.

커리어는 매우 멋진 거예요. 하지만 추운 날 밤 그게 날 따뜻하고 안락하게 폭 안아줄 수는 없잖아요.

〈Norma Jean and Marilyn 노마진 앤 마를린〉

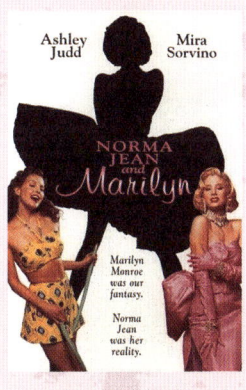

메릴린 먼로의 일대기를 그린 영화 〈Norma Jean and Marilyn 노마진 앤 마를린〉은 실패한 결혼, 불우한 어린 시절과 정신병자였던 어머니, 그리고 연기력에 대한 강박관념으로 괴로워했던 그녀의 일대기를 담담히 그려낸다.

사생아로 태어나 고아원에 버려지고 외로움에 대한 보상 심리로 화려한 스타가 될 것을 꿈꾸던 순진한 소녀 노마진이 최고의 섹시 스타로 부상하며 부와 인기를 얻는 과정과 그 이면의 어두운 그늘과 인간적인 갈등까지 섬세하게 그려낸다.

팀 파이웰 감독이 3년간 사전 조사 끝에 완성했다는 이 영화에서 애슐리 저드와 미라 소비노라가 각각 노마진과 메릴린으로 등장, 먼로의 두 가지 모습을 표현했다. 두 배우 모두 열연으로 호평을 받았으며 소비노의 경우 〈Gentlemen Prefer Blondes 신사는 금발을 좋아해〉에서 먼로가 불렀던 노래들과 먼로 특유의 걸음걸이와 발성을 거의 완벽하게 되살렸다는 평을 받았다. 그리고 할리우드 제작 시스템과 영화 촬영 현장, 스크린 이면을 엿볼 수 있는 에피소드도 흥미롭다.

Cool Runnings

If you're not enough without it, you'll never be enough with it.
그게 없어서 채워지지 않는다면 그게 있어도 결코 채워지지 않아.

STEREOTYPE #3

쿨 러닝

88 서울올림픽. 〈쿨러닝〉과 한국이 가진 '모종' 의 인연이다. 실화에 픽션을 가미한 쿨러닝은 서울올림픽 출전의 꿈이 좌절된 자메이카 육상선수들이 봅슬레이 종목으로 88 캘거리 동계 올림픽에 출전, 우여곡절 끝에 결선에 진출한다는 이야기가 골자. 실제 자메이카 봅슬레이팀 은 1988년 캘거리 동계 올림픽에 첫 출전 후 매 동계 올림픽에 참가, 1994년 릴리하머 에서 는 미국보다 더 높은 14위를 했다. 그리고 초창기 멤버 중 한 명은 2002 솔트레이크시티 동 계 올림픽 까지 노구를 이끌고 출전을 했다. 정말 cool runnings가 아닐 수 없다.

We're different. People are always afraid of what's different.
우리는 다르니까. 사람들은 다른 것에 대한 두려움이 있거든.

*A gold medal is a wonderful thing.
But if you're not enough without it,
you'll never be enough with it.*
금메달이란 참 좋은 거야. 하지만 그게 없어서 채워지지 않는다면 그게 있어도 채워지지 않아.

The Best Quotes

Go ahead... You go get your palace.

열심히 해…
그리고 너의 궁전을 차지해.

All he has to do is know what he wants and work hard for it. And if he wants it bad enough he'll get it.
자신의 목표가 뭔지 알고 그걸 이루기 위해 열심히 노력하면 되는 거야. 정말 간절히 원한다면 이룰 수 있어.

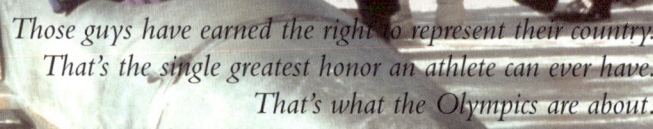

*Those guys have earned the right to represent their country.
That's the single greatest honor an athlete can ever have.
That's what the Olympics are about.*
저들은 자기 나라를 대표할 자격을 얻었어요. 운동 선수로서 최고의 영예죠. 그게 바로 올림픽이에요..

STORYLINE

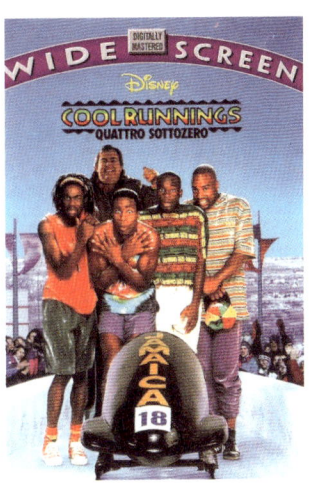

　단거리 육상 기대주인 데리스 배녹은 88 서울올림픽의 금메달을 꿈꾸며 기량을 닦아 왔다. 하지만 자신 있게 나간 대표선수 선발전에서 옆 레인 주자인 주니어가 넘어지는 바람에 같이 엉켜 넘어지고 만다. 또 한 명의 주자 율 브레너와 함께. 결국 넘어진 세 사람은 탈락하고, 절망의 나날을 보내던 데리스는 우연히 단거리 육상선수가 동계올림픽의 봅슬레이 종목에 강하다는 사실을 알게 된다. 그길로 그는 단짝 친구 상카와 함께 자메이카에 정착한 왕년의 미국 봅슬레이 금메달리스트 어빙 블리처를 찾아가 코치가 되어 달라고 떼를 쓴다. 겨울이 없는 자메이카에서는 봅슬레이 경기 자체가 불가능하지만 데리스의 진드기 작전에 못 이긴 블리처는 코치직을 수락하고 데리스, 상카, 주니어, 율 이렇게 네 명으로 팀을 구성해서 가까스로 캘거리 동계올림픽에 참가한다. 그곳에서 낡은 연습용 썰매를 구한 이들은 예선을 간신히 통과하고, 다른 나라 선수들의 비웃음 속에서도 놀라운 기록을 세운다. 그러나 마지막 경기에서 싸구려 중고 썰매가 말썽을 일으키는데….

　그리고 한국판 **cool runnings**도 탄생했다. 스타트 훈련장도 없는 열악한 상황에다 대여한 봅슬레이를 탄 선수들이 2008 아메리컨컵대회에서 동메달을 땄고, 2010 동계올림픽에서 19위를 기록했다. 그들의 도전은 계속될 것이다. 그 열정에도 **cool runnings!**

SCENE # 1 WHO'S LUNATIC?

자메이카 최고의 단거리 육상선수로서 올림픽 출전이 거의 확정된 것이나 다름 없는 데리스. 그러나 국가대표 선발전에서 어처구니 없이 탈락하자 올림픽 조직위원회 임원인 쿨리지를 찾아가 한 번 더 경기를 치를 수 있게 해 달라고 통사정을 한다. 그런데 그 사무실에는 올림픽 단거리 육상 금메달리스트였던 데리스의 아버지와 금메달을 목에 건 한 백인 남자가 같이 찍은 사진이 걸려 있다.

Mr. Coolidge   Let it go, eh? Let it go. You'll have another chance in four years.

Derice   Mr. Coolidge, who is the other man in the picture with my father?

Mr. Coolidge   Oh. Irving Blitzer. He's an American who lives here. Unless, of course, he's been arrested or shot.

Derice   Excuse me?

Mr. Coolidge   Well, he's a bookie, now. Takes his bets in a small pool hall just past Sandy Bay.

Derice   Isn't that the gold medal around his neck?

Mr. Coolidge   Oh, yeah. That lunatic was an Olympic bobsledder who tried to get your father to switch sports.

Mr. Coolidge   He had some theory about using track sprinters to push the bobsled. Some ridiculous thing like that.

Mr. Coolidge   Can you imagine a Jamaican bobsledder?

Derice   And you are sure this man, he lives on the island?

Mr. Coolidge   Oh, yes.

쿨리지 씨 그냥 잊어버리게. 마음을 비워. 4년 뒤에 다시 기회가 있잖나.
데리스 쿨리지 아저씨, 저희 아버지와 함께 있는 분은 누구시죠?
쿨리지 씨 아, 어빙 블리처. 이곳에 사는 미국인이지. 물론, 체포되거나 총 맞아 죽지 않았다면.
데리스 네?
쿨리지 씨 지금은 마권馬券업자야. 샌디 베이 바로 옆에 있는 작은 당구장에서 경마에 돈을 걸지.
데리스 목에 걸려 있는 게 금메달 아닌가요?
쿨리지 씨 그렇지. 저 미치광이는 자네 아버지에게 종목을 바꾸라고 부추겼던 올림픽 봅슬레이 선수였다네.
쿨리지 씨 단거리 주자들이 봅슬레이를 잘 민다는 이론을 펴면서 말이야. 정말 웃기는 얘기지.
쿨리지 씨 자메이카 봅슬레이 선수라니 상상이 가나?
데리스 이 분이 이 섬에 사는 게 확실한가요?
쿨리지 씨 아, 그럼.

arrest 체포하다 **shot** (총 등으로) 쏘다 **bookie** 마권업자 **lunatic** 정신 나간, 미친, 제정신이 아닌 **switch** (화제, 생각, 장소 등을) 바꾸다, 돌리다; ~의 스위치를 넣다 **sprinter** 단거리 선수 **bobsled** 봅슬레이 **ridiculous** 웃기는, 우스꽝스러운

Let it go. You'll have another chance in four years. 마음을 비워. 4년 뒤에 다시 기회가 있잖나. 라고 데리스를 달래 보는 쿨리지 아저씨. 너무나 속상해서 재경기를 치르게 해달라고 조르는 그에게 해 줄 수 있는 게 아무것도 없다. 허나 다음 하게 올림픽까지 4년이나 기다려야 하기에 눈 앞이 캄캄한 데리스에게 그런 위로의 말이 들릴 리 없다. 그런데 마침 데리스의 눈에 들어온 것은 사무실 벽에 걸린 아버지의 금메달 수상 기념 사진. 사진 속 금메달을 목에 걸고 있는 아버지는 한 백인 남자와 함께 사진을 찍었는데, 그 역시 금메달을 걸고 있다. 그의 이름은 어빙 블리처라 하는데.

let it go. 이젠 잊어버려라, 집착하지 마라, 마음을 비워라, 그쯤 해 두자
let it go at that. 그것으로 됐다고 하다, 그 이상 문제 삼지 않다

ex. I don't entirely agree, but I'll let it go.
내가 전적으로 동의하는 것은 아니지만 그쯤 해 두겠어.
We aren't satisfied with it, but we'll let it go at that.
그 일에 만족한 것은 아니나, 더이상 언급은 않겠습니다.

>>> **Great Words**
If you love something, <u>let it go.</u> If it comes back to you, it's yours; if it doesn't, it never was.
무언가(누군가)를 사랑하면 자유롭게 놓아주라. 다시 돌아오면 당신의 것이고, 돌아오지 않으면 애초부터 당신의 것이 아니었다.

That lunatic was an Olympic bobsledder who tried to get your father to switch sports. 저 미치광이는 자네 아버지에게 종목을 바꾸라고 부추겼던 올림픽 봅슬레이 선수였다네.라는 쿨리지 아저씨. 이 금메달리스트 어빙 블리처에 대한 평가는 박하기만 하다. 다름 아닌 lunatic미치광이이란다. lunatic은 구어체로 loony라고도 하는데, '미치광이, 정신이상자', 즉 crazy라는 의미로 '달'을 뜻하는 라틴어 luna에서 파생된 단어다. 또 Luna는 로마 신화의 '달의 여신'의 이름이기도 하다. 서양에서는 crescent [young] moon초승달에서 full moon보름달 그리고 다시 waning[old] moon그믐달으로 이어지는 달의 변화를 lunacy광기와 결부시켜 보았다.

lunar	달의, 태음의 ↔ solar cf. luna 달; 달의 여신(로마 신화)
lunar calendar	음력
lunar eclipse	월식
lunar probe	무인 달 탐사선
solar	태양의 cf. sol 태양 (라틴어, 에스파냐어, 포르투갈어)
solar energy	태양 에너지
solar system	태양계
solar battery	태양 전지
solar eclipse	일식
switch	전기 스위치, 개폐기, 전화 교환대; 교체하다, 바꾸다; 전환, 변경
	ex. We switched our plans. 계획을 변경했습니다.
	Don't turn off[on] the switch. 스위치를 켜지[끄지] 마세요.
	Let's switch seats. 우리 자리 바꿉시다.

luna

lunatic은 짚어 보면 축구선수 박지성과도 인연이 있는 말이다. 무슨 말이냐고? 박 선수가 맨체스터 유나이티드에 입단할 당시 맨체스터 공항에서 있었던 일이라 한다. 맨체스터 유나이티드의 열성 팬이었던 한 이민국 직원이 박지성을 보고 너무나 반가워서 이렇게 물었다. "여기서 누구하고 뛰고 싶었나요?" 박지성의 대답은 "(라이언) 긱스와 (웨인) 루니요." 모범 답안이다. 그런데 당시 **R**과 **L**을 잘 구분해 발음하지 못했던 박지성 선수는 **Roony**의 **R**발음을 그냥 한국식으로 '루니'라고 말한 것. 이민국 직원은 이를 **Roony**가 아닌 **loony**미치광이로 알아듣고 "아, 박지성이 벌써 우리 팀에 대해 파악을 다했구나. 루니Rooney가 **loony**약간 맛이 간인 줄 어떻게 알았을까? 저렇게 유머러스하다니 대단한걸!"이라 생각했단다. 박지성 선수의 발음 때문에 생긴 에피소드지만, 사고뭉치인 **Roony**가 실제로도 **Loony Rooney** 혹은 **Looney Rooney**라고 불렸기 때문에 이 일화는 더 재미있게 되어 버렸다. **loony**와 **looney** 그리고 **lunatic**은 모두 **synonym**동의어로 '미치광이, 제정신이 아닌, 맛이 간'의 의미. 다음은 루니의 그런 일면을 보여주는 영국 신문의 기사 제목들이다.

"Fergie Can't Defend Loony Rooney 퍼거슨 감독, 미치광이 루니 감싸주지 못해"
"Hoddle Suggests Sports Shrink For Loony Rooney
호들, 미치광이 루니에게 스포츠 전문 정신과 의사 상담 권고" (Hoddle은 사람이름)

그리고 보니 박지성 선수가 '루니'라고 발음을 잘못한 게 아니라 아주 정확하게 한 셈이다. **shrink**는 속어로 '정신과의사'.

shrink | 줄어들(게 하)다, 움츠러들(게 하)다; (속어) 정신과의사, 심리학자
ex. I think she had better see a shrink.
저 여자 정신과 상담 좀 받아야겠네.
The German music market shrank 20% from piracy.
독일의 음반 시장은 불법음반 때문에 시장 규모가 20% 감소했습니다.
That's a preshrunk sweater. 저건 방축防縮가공한 스웨터예요.
(preshrunk는 의류의 label(라벨)에서 볼 수 있다. 섬유에 적절한 처리를 해서 줄어들 건 미리 다 줄었으니 세탁해도 더 이상 줄지 않는다는 뜻)

lunatic하면 생각나는 또 다른 인물이 있는데, 바로 《Harry Potter and The Order of The phoenix해리포터와 불사조 기사단》 편부터 등장하는 해리의 친구 Luna Lovegood 루나 러브굿이다. 잡지를 거꾸로 들고 읽는 등 '살짝 정신줄을 놓은' Luna는 알고 보면 머리도 비상하고 마음도 착하지만 못 말리는 괴짜 소녀다. Luna Lovegood이라는 이름만 봐도 은근슬쩍 **lunatic**하지만 **lovegood** 즉, 착한 그녀의 이미지를 어림짐작할 수 있으니, 작명도 다 작가의 **intention**의도이 아니겠는가.

He had some theory about using track sprinters to push the bobsled. 단거리 주자가 봅슬레이를 잘 민다는 이론을 펴면서 말이야. 라는 쿨리지 아저씨. **sprinter**는 '단거리 육상선수'이고, **track**은 track and field육상를 줄인 말이다. '육상'은 미국식 영어로는 **track and field**, 영국식 영어로는 **athletics**라 한다. 참고로 2011 대구세계육상선수권대회는 영어로 IAFF WORLD CHAMPIONSHIPS DAEGU 2011이고, IAAF는 International Association of Athletics Federation의 **acronym** 약자이다.

SCENE # 2 IF YOU'RE NOT ENOUGH WITHOUT IT, YOU'LL NEVER BE ENOUGH WITH IT

블리처 코치는 왕년 봅슬레이 금메달 2관왕 수상 경력의 스타였다. 그러나 승리에 대한 강박관념 때문에 부정행위를 저지르다 발각되어 팀 전체가 금메달을 빼앗긴 수치스러운 과거를 안고 살아간다. 이 사실을 알게 된 데리스는 충격을 받는다. 결선을 앞두고 데리스와 코치가 나누는 깊은 대화를 들어 보자.

Derice   I have to ask you a question.

Coach   Sure.

Derice   But, you don't have to answer if you don't want to. I mean, I want you to, but if you can't, I understand.

Coach   You want to know why I cheated, right?

Derice   Yes, I do.

Coach   That's a fair question. It's quite simple, really. I had to win.

Coach   You see Derice, I had made winning my whole life, and when you make winning your whole life, you have to keep on winning, no matter what. You understand that?

Derice   No, I don't understand. You had two gold medals. You had it all.

Coach   Derice, a gold medal is a wonderful thing. But if you're not enough without it, you'll never be enough with it.

데리스 궁금한 게 있어요.

코치 말해 봐.

데리스 하지만 대답하기 싫으면 안 하셔도 돼요. 대답을 듣고 싶지만 대답 안 하셔도 이해해요.

코치 내가 왜 부정행위를 했는지 궁금한 거지?

데리스 네.

코치 궁금할 만해. 실은 아주 간단하네. 난 이겨야만 했거든.

코치 데리스, 내 인생에선 승리가 전부였어. 평생 그렇게 살다 보면 계속 이겨야만 해. 무슨 수를 써서라도 말야. 내 말 이해되나?

데리스 아뇨, 이해 안 돼요. 금메달도 두 개나 따셨고 모든 걸 다 가지셨잖아요.

코치 데리스, 금메달이란 참 좋은 거야. 하지만 그게 없어서 채워지지 않는다면 그게 있어도 결코 채워지지 않아.

You want to know why I cheated, right? 내가 왜 부정행위를 했는지 궁금한 거지? 라고 묻는 블리처 코치. 캘거리에 와서야 코치의 어두운 과거를 알게 된 데리스는 왜 꼭 그래야만 했을까 하는 생각에 마음이 편치 않다. 그래서 조심스럽게 운을 떼어 보는 데리스의 속마음을 코치는 눈치챈 것이다.

cheat	속이다, 부정행위를 하다; 바람을 피우다; 사기꾼; 속임수, 편법
cheating	부정행위 (시험볼 때 포함)
	cf. '컨닝' (cunning)은 뜻이 와전된 콩글리시 (허나 cunning한 사람들이 cheating을 한다)
	ex. He got caught cheating. 그는 컨닝을 하다가 걸렸다.
cunning	교활한, 간사한, 잔머리 굴리는. cunning의 발음은 '컨닝' 이 아닌 '커닝'. 영어 발음은 nn=n, mm=m이다. 그래서 running 은 '런닝' 아닌 '러닝' 이고, tanning은 '태닝' 이고, summer 는 '써머' 이다.

BEHIND THE MOVIES 〈Cheaters〉

미국의 TV 리얼리티 프로그램. 배우자나 애인이 바람 피는 현장을 덮치는 것이 이 프로그램의 골자. 파트너가 바람을 핀다는 의심이 든 사람이 의뢰를 하면 제작진이 바람 피는 현장과 증거를 몰래 카메라 형식으로 촬영 및 녹음한 후 의뢰인과 함께 현장을 급습한다. 욕하면서 보는 대표적 프로그램이라 하겠다.

You had two gold medals. You had it all. 금메달도 두 개나 따셨고 모든 걸 다 가지셨잖아요. 데리스는 봅슬레이 선수로 승승장구하던 코치가 왜 부정행위를 저질렀는지 도무지 이해가 되지 않는다. 금메달 두 개면 충분하지 않았냐고, 왜 부정을 저질렀냐고 물어보는 데리스에게 코치는 인생에 대한 통찰력이 배어나는 멋진 말을 한다. **If you're not enough without it, you'll never be enough with it.** 그게 없어서 채워지지 않는다면, 그게 있어도 결코 채워지지 않아. 이 장면에서 코치와 데리스에게 "it"은 금메달이다. 하지만 그 누군가에게 "it"은 명예일 수도 있고, 돈일 수도 있고, 사랑일 수도 있으리라. 그것은 바로 개개인이 손에 넣고자 갈망하는 '그 무엇'이 아니겠는가? 그것을 손에 넣으면 더 꽉 찬 인생을 살 것 같아서 말이다. 헌데 '그 무엇'을 얻으면 진정으로 채워질까? 모든 걸 가진 '완벽한' 사람들은 충만한 삶을 누릴 것 같지만 그들은 여전히 목말라 한다. 가슴속이 샘물처럼 스스로 채워지지 않는 한 부족한 그 2%는 채울 수 없다.

achieve spiritual enlightenment 득도하다 한 사람, 즉 스스로 채우는 법을 터득한 사람은 "it"에 흔들리지 않을 테니 '하산'해도 될 것이다. 그렇다면 우리는 어떨까? **Am I enough without it?** 그게 없어도 채워져 있나? 난 어디쯤 와 있을까? 이제 막 산을 올라가기 시작한 것인지 중턱인지 잘 모르겠지만 내가 가는 발길에도 **cool runnings** 하고 싶다. **cool runnings**는 자메이카 특유의 영어로 **have a safe trip** 안전한 여행이 되세요 이라는 의미다. 영화 속에서 데리스는 이 말을 **peace be the journey** 가는 발길에 평화가 깃들기를 라고 설명하는데, 이 버전이 더 마음에 와 닿는다. 이 영화는 극 중 코치로 출연한 존 캔디의 유작이기도 하다. 그가 떠난 발길에도 **cool runnings**⋯.

⟨Hairspray 헤어스프레이⟩

If you think you are right, follow your faith.

옳다고 생각한다면 신념대로 행동하렴.

_⟨Hairspray 헤어스프레이⟩

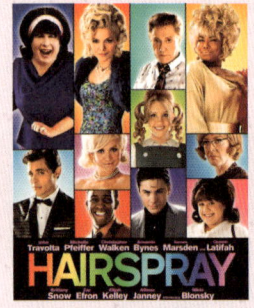

　　⟨Cool Running쿨 러닝⟩이 전 세계인들의 고정관념을 깨며 동계올림픽에 출전한 자메이카의 봅슬레이 선수들의 투지로 감동을 전했다면 ⟨Hairspray헤어스프레이⟩는 1960년대 미국을 배경으로 외모에 대한 편견과 차별의 벽을 넘어 최고의 댄싱퀸이 된 십대 소녀 트레이시를 통해 유쾌한 희망을 말한다.
　　볼티모어 십대들에게 최고의 인기를 끌고 있는 TV 댄스 쇼에 출연해 최고의 댄싱퀸인 '미스 헤어스프레이'가 되는 것이 꿈인 트레이시. 통통하다 못해 뚱뚱한 몸매의 그녀는 한껏 부풀린 최신 유행 헤어스타일을 하고 다니며 편견과 비웃음에도 꿋꿋하게 유쾌한 성격을 잃지 않는다. 드디어 친구들의 도움으로 슈퍼 헤비급 몸매에도 불구하고 수준급 댄스 실력을 갖추게 된 트레이시는 마침내 공개 오디션에 참가, 아름다운 외모가 곧 권력임을 강조하는 악녀 벨마(미셸 파이퍼 분)와 그녀의 딸인 백치미 공주병 환자 앰버(브리타니 스노우 분)의 온갖 방해 공작 속에서도 우승을 거머쥔다.

Chapter 5

달콤 쌉싸름한 그것
LOVE

#1 프렌치 키스

#2 10일안에 남자친구에게 차이는 법

#3 노틀담의 꼽추

French Kiss

Do you believe in love, the kind that lasts forever?
당신은 사랑을 믿나요? 영원한 그런 사랑말예요.

LOVE #1

프렌치 키스

사랑스러운 미국 여자와 바람둥이 프랑스 남자 사이의 cross-cultural 로맨틱 코미디이다. 귀여운 여인의 대명사 맥 라이언 그리고 케빈 클라인이 각각 남녀 주인공 케이트와 뤼크 역을 맡았고, 〈레옹〉에서 화분을 든 킬러로 등장했던 장 르노가 카메오로 출연하여 개성 넘치는 연기를 펼친다. 맥 라이언이 제작을 맡은 이 작품은 개봉 당시 전 미국 흥행순위 1위를 기록했으며, 〈해리가 샐리를 만났을때〉〈시애틀의 잠 못이루는 밤〉과 함께 맥 라이언 최고 전성기의 로맨틱 코미디 3부작이기도 하다.

Before going into a war, you must choose carefully the field of battle.
전쟁에 임하기 전 전장을 잘 골라야 해요.

You are afraid of life.
You are afraid of love.
당신은 인생이 두려운 거예요. 사랑도 두려운 거고.

The Best Quotes

A healthy person is someone who expresses his feelings. Express, not repress.
건강한 사람이란 자신의 감정을 표현하는 사람이에요. 감정을 표현하는 것, 억압하는 게 아니라.

I did not steal anything that didn't want to be stolen.
난 주인이 도둑 맞기 원치 않는 걸 훔친 적 없어요.

STORYLINE

착하고 성실한 역사 선생님 케이트는 의사인 찰리와 약혼한 사이. 그와 새 가정을 꾸밀 꿈에 부풀어 있다. 그러던 어느날 세미나 참석차 파리에 가게 된 찰리는 약혼녀 케이트에게 로맨틱한 파리로 함께 가자고 조른다. 그런데 문제는 케이트가 비행공포증 환자라는 것. 도저히 비행기를 탈 엄두를 못 내는 케이트는 파리행 제의를 거절하고 집에 홀로 남는다.

그러나 머지 않아 케이트는 찰리에게 청천벽력 같은 전화를 받는다. 파리에서 한 프랑스 여자와 사랑에 빠졌다고, 그러니 이제 그만 헤어지자고. 다급해진 케이트는 비행공포증을 무릅쓰고 그 길로 파리행 비행기에 오르는데 옆자리에 앉은 건달 같은 프랑스 남 뤼크가 케이트에게 관심을 보이며 변심한 애인을 되찾을 수 있게 돕겠다고 나선다. 그런데 그가 케이트에게 호의를 베푸는 데는 **ulterior motive**숨은 동기가 있다. 바로 순진한 케이트를 이용해 무엇인가를 밀수하려는 것. 결국 이 사건이 발단이 되어 두 사람의 프랑스 행보는 뒤엉키기 시작한다.

바람난 찰리의 뒤를 쫓아 좌충우돌 소동을 벌이는 케이트와 수상한 낌새를 풍기며 그녀를 따라다니는 뤼크. 두 사람은 끊임 없이 티격태격한다. 그러다 우여곡절 끝에 케이트가 바라던 대로 찰리는 프랑스 여자와 헤어지고 케이트에게 돌아오려 하는데….

SCENE #1 HOW CAN YOU NOT WANT TO GO TO PARIS?

착하고 성실한 역사 선생님 케이트의 약혼자 찰리는 의학 세미나 참석차 프랑스 파리에 가게 된다. 로맨틱한 파리에서 케이트와의 데이트를 꿈꾸는 그는 케이트에게 같이 가자고 조른다. 그런데 문제는 케이트가 비행공포증 환자라는 것.

Charlie   Kate, come to Paris with me. I'll give you 10mg of Valium and a shot of Stoli. We'll be there before you know it. (케이트는 반응이 없다.)

Charlie   God! How can you not want to go to Paris? You are a history teacher. Shame on you.

Kate   Charlie, the French. They hate us. They smoke, they have a whole relationship to dairy products.

…중략…

Charlie   A week in Paris with the man you love?

Kate   Suture demonstrations.

Charlie   Midnight strolls?

Kate   Medicare meetings.

Charlie   The Eiffel Tower.

Kate   The Eiffel Tower.

Valium 신경안정제(상표명)   **Stoli** 보드카의 일종   **dairy product** 유제품   **sutre** 상처의 봉합   **demonstration** 증명, 증거; 실연(實演)   **stroll** 산책하다, 거닐다; 산책   **Medicare** 의료보험제도

찰리	케이트, 우리 같이 파리 가자. 내가 발륨 10밀리그램하고 스톨리 한 잔 줄게. 한참 자고 나면 눈 깜짝할 사이에 도착할 거라니까. (케이트는 반응이 없다.)
찰리	세상에! 어떻게 파리에 가고 싶지 않을 수가 있지? 당신은 역사 선생님이잖아. 어이 창피해라.
케이트	찰리, 프랑스 사람들은 우릴 정말 싫어해. 그 사람들은 담배를 피워 대고, 유제품이라면 사족을 못 쓰지.
	…중략…
찰리	사랑하는 남자와 파리에서의 일주일 어때?
케이트	봉합술 실연이겠지.
찰리	한밤중의 산책은 어때?
케이트	의료보험제도 관련 회의겠지.
찰리	에펠탑도 있고.
케이트	에펠탑이라.

Come to Paris with me. 우리 같이 파리 가자. **aerophobia** 비행공포증 때문에 파리행을 거부하는 케이트를 찰리가 꼬드긴다.

aerophobia	[aero(항공기, 항공학) + phobia] fear of flying, 비행공포증
acrophobia	[akros(끝, 꼭대기) + phobia] fear of heights, 고소공포증
claustrophobia	[claudere(닫다) + phobia] 밀실공포증
agoraphobia	[agora(광장, 시장) + phobia] 광장공포증
xenophobia	[xenos(외국인, 이방인) + phobia] 외국인공포(혐오)증
arachnophobia	[arachne(거미) + phobia] 거미공포증
androphobia	[andro(인간, 남자) + phobia] 남성공포(혐오)증
gynephobia	[gyne(여성) + phobia] 여성공포(혐오)증 **cf.** gynecology 부인과 의학

I'll give you 10mg of Valium and a shot of Stoli. 발륨 10밀리그램 하고 스톨리 한잔 줄게.라고 찰리는 구체적인 방법도 제시한다. **Valium**은 신경안정제의 상품명이고, **Stoli**는 보드카의 한 종류. 독한 술 한 잔에 신경안정제까지 먹으면 완전히 뻗어서 잠들지 않을 재간이 없을 것이다.

shot	술 한 잔; 발사, 사격; 피하 주사; 사진 촬영. 참고로 '원샷'은 콩글리시. 영어로 bottoms up
big shot	거물, 유력자 **flu shot** 독감 주사

ex. A shot of whiskey on the rocks, please. 얼음 채운 위스키 한 잔 주세요.
　　Could I have two shots of whiskey? 위스키 두 잔 주세요.
　　A double shot of whiskey, please. 위스키 곱배기 한 잔 주세요.
　　a shot of~는 독주에 사용. 맥주나 와인은 a glass of beer[of wine]

We'll be there before you know it. 눈 깜짝할 사이에 도착할 거라니까. 찰리가 갖은 회유를 해 가며 케이트를 설득해본다. before you know it은 '미처 알아차리기도 전에, 깜짝할 사이에'라는 의미. soon, quickly와 같은 뜻이다. 예문을 하나 보면 "**It'll be summer before you know it and then you'll be complaining about the heat.** 곧 여름이 올 거고 그때가 되면 덥다고 불평을 할 겁니다."

The French. They hate us. They smoke, they have a whole relationship to dairy products. 프랑스 사람들은 우릴 정말 싫어해. 그 사람들은 담배를 피워대고, 유제품이라면 사족을 못 쓰지. 케이트는 파리에 가지 않을 변명거리를 찾느라 바쁘다. 프랑스 사람들은 미국인을 싫어하고 담배까지 피운다고 엄살이다. 게다가 치즈가 체질에 안 맞는데 그 사람들은 **dairy products**유제품를 엄청 먹는다는 것까지 들먹인다.

dairy products 중 **cheese**는 유럽인들이 매우 즐겨 먹는 음식이다. 디저트로도 먹고, 딱 치즈만 넣은 샌드위치도 즐긴다. 우리나라에서는 깔끔하게 포장된 치즈를 팔지만 유럽에서는 **conventional market**재래시장에서 큰 치즈 덩어리를 다양한 종류별로 쌓아 놓고 파는 곳이 많다. 그러다 곰팡이가 피면 물에 적셔 솔로 쓱쓱 닦아내고 계속 판다. 이런 치즈 시장의 고린내는 청국장 냄새를 가히 능가한다.

dairy products	유제품, 낙농제품 예) milk(우유), condensed milk(연유), yogurt(요구르트), cheese(치즈), butter(버터) 등 우유에서 만들어진 제품

Shame on you. 어이 창피해라. 이제 찰리는 역사 선생님으로서 어떻게 파리에 가고 싶지 않을 수 있냐며 케이트를 놀리기까지 한다.

Shame on you.	부끄럽지 않아?, 아이 창피해라 (상대방에게 하는 말)
Shame on me.	아, 창피해, 부끄러워 (본인이 창피하다는 뜻)
	ex. I forgot my best friend's birthday. Shame on me. 가장 친한 친구 생일을 잊어버렸어요. 으이구 창피해라. Shame on you, Mr. Bush! 부시 대통령, 부끄러운 줄 아시오!(마이클 무어 감독의 아카데미 상 수상 소감 중 발언)

France, especially Paris프랑스, 특히 파리는 미국인들에게 역사와 문화와 낭만이 살아 숨쉬는 곳이라는 이미지로 각인되어 있다. 오죽하면 호텔 재벌 가문인 힐튼가에서 **heiress**상속녀의 이름을 '파리' 즉 **Paris**라고 지었을까? 바로 그 **notorious**악명 높은, 패리스 힐튼Paris Hilton의 이야기다. 우리나라식으로 하자면 '김 서울', '이 제주도' 라고 이름을 지은 셈이다.

heiress	상속녀. **cf.** heir 남자 상속인
heirloom	가보
inheritance	물질적 유산 예) money, property
legacy	비물질적 유산 예) honor, reputation value, family name

> **ex.** That painting is a family heirloom. 저 그림은 가보다.
> The legacy of the Renaissance 르네상스 시대의 유산
> The legacy of Admiral Yi Sun-Shin 이순신 장군의 (정신적) 유산

여하간 '프랑스제'라 하면 좋아 보이니까 정작 프랑스에서는 French라 불리지 않는 것에 미국에서는 French라는 이름을 붙이기도 한다. 샐러드에 뿌려서 먹는 **French dressing**, 아침식사 메뉴인 **French toast**, 영화 제목이자 '진한 키스'를 일컫는 **French kiss**도 마찬가지!

dressing	(외과의) 상처 처치 용품, 붕대; 샐러드에 뿌려 먹는 것; 한국 사람 입맛에는 honey mustard나 Italian, Thousand Island가 무난
dip	옴폭한 그릇에 담아 chips류, 작은 막대 모양으로 자른 carrot stick 혹 celery stick을 찍어 먹는 양념
sauce	그외 거의 대부분의 양념

그럼 미국인들의 인기 메뉴인 **French fries**는? 영국과 아일랜드에서는 **chips**라 하고 프랑스에서는 **frites**라 부르는데 사실 이 감자튀김은 벨기에 태생이라 출신국을 밝히려면 **Belgian fries**로 불러야 옳다. 허나 프랑스에 대한 각별한 감정 때문에 적절한 영어 단어가 있음에도 불구하고 프랑스어를 그대로 가져다 쓰기도 한다.

chef	cook. 특급 레스토랑의 주방장은 chef[셰프], 그냥 주방장은 cook cf. Chefline(셰프라인)이라는 주방기구 회사도 있음
chic	elegant, stylish. '쉬크'는 세계 패션지의 단골 어휘
cuisine	food style. Korean cuisine이 Korean food보다 훨씬 더 우아한 표현
noblesse oblige	nobility obligates. 가진 자의 도덕적 의무. 불어 '노블레스 오블리제'를 그대로 사용
petite	small, short. '쁘띠'는 '아담하다' 같은 귀여운 느낌 small, short는 그냥 '작다'

bon voyage.	**have a good trip.** bon voyage가 더 세련되게 들림
enfant terrible	**terrible child.** '앙팡 테러블'이란 주로 예술계나 사상가 중에서 튀는 젊은이를 지칭. terrible child는 그냥 '골치 아픈 나쁜 아이'
femme fatale	**fatal[deadly] woman.** 미국에서도 femme fatale[팜 파탈]이라고 함

그런데 흥미로운 건 **French**라는 형용사가 꼭 우아한 데만 쓰인 건 아니라는 것. 영국에서는 속어로 condom을 French letter라고도 한다. 또 옛날 영국에서는 성(性)병을 the French disease라고 불렀다. 그런데 정작 프랑스에서는 이를 the English disease라고 했다. 역사상 영국과 프랑스는 오랜 앙숙이었다는 사실을 떠올리게 만드는 대목이다. 그뿐 아니다. 이 성(性)병을 러시아에서는 the Polish disease, 이탈리아에서는 the Spanish disease, 아랍인들은 the disease of the Christians라고 불렀다. 이쯤 되면 점입가경이다. in all ages and countries 동서고금을 막론하고 인류가 공통으로 앓고 있는 병이 있다면 바로 '네 탓이오'라는 이름의 고질병일 것이다.

French fries vs. Freedom fries

French fries 때문에 벌어진 웃지 못할 해프닝이 있다. 2003년, 이라크 침공에 사사건건 반대하는 프랑스 때문에 속이 뒤틀린 미국 하원의원들이 하원건물 내 구내식당 메뉴에서 French fries와 French toast를 빼버린 것. 대신 추가된 새로운 메뉴의 이름은 Freedom fries와 Freedom toast였다. 그런데 사실 음식은 그대로 두고 이름만 바꾼 것이었다. 이로부터 3년이 지난 2006년, AFP 통신은 미국 하원건물 구내 식당의 감자튀김과 토스트가 원래 이름인 French fries와 French toast를 되찾았다고 전했다. 당시 Freedom으로 개명을 주도했던 의원들은 워싱턴 타임스지의 인터뷰 요청에 'No comment'로 일관했다. 이런 하원의원들의 즉흥적이고 유치한 발상 때문에 멀쩡한 메뉴판을 두 번씩이나 바꾼 것이다. 그 비용도 자신들의 주머니가 아닌 tax payers 납세자의 주머니에서 나가는 것인데 메뉴판 바꾸느라 든 비용 청구서는 그 유치찬란한 하원의원들에게 보내야 할 것 같다.

SCENE # 2 HIGH YIELD DEPOSIT

찰리와 결혼해서 오순도순 행복하게 살아갈 꿈을 키워가는 케이트. 결혼해서 둘이 같이 살고 싶은 예쁜 집이 for sale매물로 나왔다. 집을 보러 가긴 했지만 찰리는 이런 집을 살 돈이 없는데 왜 집 구경을 하냐며 의아해 한다. 이에 케이트는 자신이 꼬박꼬박 모아온 종잣돈이 있다고 밝히는데….

Charlie's father The Merediths have put their house on the market.
(예비 시아버지의 말을 듣고 케이트는 약혼자 찰리와 집을 보러 간다)

Charlie Why are we looking at a house we can't afford?

Kate Charlie, there is something I have to tell you.

Kate Since I turned 21, I've been putting money aside, every week my adult life, into a savings account which I then rolled into high-yield term deposits with interest rates close to 14%.

Charlie What are you talking about?

Kate I've made us a nest egg.

Charlie How many eggs?

Kate 45,782 eggs. (45,782 dollars라는 뜻)

Charlie Why didn't you tell me this before?

Kate I wanted it to be a surprise.

Charlie It's a surprise. It's a big surprise.

찰리아버지   메레디스 부부가 집을 내놓았어.
(예비 시아버지의 이 말을 듣고 케이트는 약혼자 찰리와 그 집을 보러 간다)
찰리   살 능력이 안 되는 집을 뭐하러 보러 온 거야?
케이트   찰리, 내가 말해 줄 게 있어.
케이트   나는 21살 되는 때부터 돈을 계속 모아왔어. 성인이 되면서부터 매주 예금계좌에 돈을 모았다가 금리가 14%에 가까운 고수익 정기예금으로 갈아탔어.
찰리   그게 무슨 말이지?
케이트   종잣돈을 모았다고.
찰리   얼마나 되는데?
케이트   45,782달러.
찰리   왜 미리 말을 안 해 줬어?
케이트   놀라게 해 주려고.
찰리   놀랐어. 정말 놀랐어.

savings account 예금계좌   **interest rate** 이율   **nest egg** 자금의 밑천, 본전, 비상금   **high yield** 고수익

Why are we looking at a house we can't afford? 살 능력이 안 되는 집을 뭐하러 보러 온 거야? 찰리는 케이트가 왜 자신의 능력 밖인 집을 보자고 하는지 이해가 안 된다.

afford ~할 (경제적/시간적) 여유가 되는
affordable (경제적/시간적으로) 감당할 수 있는
ex. I cannot afford holidays. 저는 휴가를 갈 여유가 없습니다.
He cannot afford to buy a sports car.
그는 스포츠카를 살 여유가 없습니다.
We can hardly afford to lose this contract.
우리는 이 계약을 놓치면 안 됩니다.
It is rugged, waterproof, and surprisingly affordable.
이 제품은 견고하고, 방수가 되며, 가격도 놀랄 만큼 부담 없는 수준입니다.
The price range is affordable to many middle-class consumers.
중산층 소비자들이 감당할 수 있는 가격대입니다.

Since I turned 21, I've been putting money aside. 나는 21살 되는 때부터 돈을 계속 모아왔어. 라는 케이트. 눈독을 들이고 있는 집이 능력 밖에 있다는 찰리에게 놀라운 재테크 실력을 자랑한다. 21살이 되면서부터 매주 돈을 모았고 그걸 **high yield term deposits with interest rates close to 14%** 14%에 가까운 고수익 정기예금에 넣었단다. term deposit은 time deposit이라고도 하는데, 의미는 정기예금. 그런데 이 고수익 정기예금의 interest rate금리가 거의 연 14%라니 정말 대단하다.

high yield 고수익
high yield bond 정크본드(junk bond)의 점잖은 이름. non-investment grade bond라고도 불리는데, 수익률과 위험도가 높은 전형적인 high-risk high-return 금융상품
yield 산출, 산출액; 수확; 양보하다
미국의 도로나 도로표지판에 YIELD라고 크게 쓰여진 것을 볼 수 있는데, '양보하시오, 다른 차선의 차에 우선권을 주시오'의 의미
interest 관심, 흥미; 소유권, 권리; 이해관계, 이익, 이자, 금리
interest rate 금리   simple[compound] interest rate 단[복]리 이지

fixed interest rate	고정 금리 floating[adjustable] interest rate 변동금리
public interest	공익 conflict of interest 이해의 상충
interest group	(=) pressure groups 이익집단, 압력단체 예) Greenpeace 환경단체; NRA(National Rifle Association) 미국 총기협회

I've made us a nest egg. 종잣돈을 모았다고.라는 케이트. **nest egg**는 원래 닭이나 새가 알을 낳도록 유도하는 '밑알'을 뜻하는데 그 뜻이 확장되어 '종잣돈, 밑천, 자산, 비상금' 등의 의미로 쓰인다. 미국 사람들에겐 저축이 익숙하지 않은데, 케이트는 참 야무진 게다. **lifestyle**이 소비를 먼저 하고 할부로 조금씩 갚아가게끔 틀이 잡혀져 있다. 차는 물론 가구나 가전제품을 살 때도 대부분 매달 갚아가는 **payment** 제도를 이용한다. 대학 등록금도 그렇다. **student loan** 학자금 대출을 받아서 학비를 내고 졸업 후 오랜 기간 동안 갚는 경우가 흔하다. 특히 집을 살 때는 주택을 저당 잡히고 몇십 년에 걸쳐 상환을 하는 **mortgage loan**을 받는데, 우리나라 말로 '장기주택담보대출'과 유사하다.

loan	대출
mortgage (loan)	장기 주택담보대출 student loan 학자금 대출
	참고로 은행 거래와 관련된 표현을 알아보면:
account	계좌, (상업상) 거래 관계, 단골 고객, 거래처; 기사, 보도
account number	계좌번호 account holder 계좌주
open an account	계좌를 개설하다 close the account 계좌를 해지하다
	ex. I want to deposit ~ into[withdraw ~ from] my account.
	내 계좌로 입금[에서 인출]해 주세요.
	I'd like to transfer 100,000 won from my account to this account.
	내 계좌에서 100,000원을 이 계좌로 이체해 주세요.

mortgage는 프랑스어에서 빌려온 말로 뜻을 짚어 보면 좀 섬뜩하다. 프랑스어로 mort는 '죽음'을, gage는 '담보물, 보증, 맹세'이다. 영어로 직역하면 **death vow**, 즉 '죽음의 저당'이라는 말이다. 이름을 보면 **mortgage loan**이 수십 년짜리 장기대출이라 죽을 때까지 빚을 갚는다는 냉소적 시각을 담고 있다는 해석도 가능하다.

미국의 주택담보대출은 prime, Alternative A(Alt-A), subprime 이렇게 3등급으로 구분된다. prime 등급은 신용도가 좋은, Alternative A는 중간 정도의 신용을 가진, 그리고 subprime은 sub아래의 의미처럼 신용등급이 낮은 계층을 대상으로 하는 고금리의 비우량 주택담보대출을 말한다.

prime	으뜸가는, 가장 중요한, 우량한
prime rate	(우량고객에 대한) 최저 대출 금리
prime beef	최상급 소고기
prime time	prime time 황금시간대
	ex. He is at the prime of his life. 그는 인생의 전성기를 보내고 있다.

nest egg

subprime mortgage loan

　　mortgage loan을 말하면서 미국의 subprime mortgage loan crisis서브 프라임 모기지 론 위기를 떠올리지 않을 수 없다. 2000년대 들어 유동성 과잉과 저금리로 부동산 가격이 급등하고 주택구매 수요가 급증하자 prime과 Alt-A등급 대출로 만족하지 못한 mortgage loan 업체들은 비우량 고객에게 눈을 돌려 묻지도 따지지도 않고 subprime mortgage loan을 대량으로 해 주기 시작했다. 그리고 이 대출채권을 담보로 더 많은 돈을 빌려 다시 대출해 주는 한편 이 채권을 금융파생상품으로 만들어서 여러 금융기관에 팔았다. 이런 파생상품을 산 금융기관들은 이걸 쪼개고 묶어 또 상품으로 만들어서 여기저기 팔았다. 지금은 재앙의 씨앗이었다 하지만 당시는 이러한 행태를 선진 금융시장의 대단히 앞서가는 첨단 금융상품인 양 비추었다. 하지만 집값이 하락세로 돌아서고 2004년 이후 미국 Federal Reserve Bank(FRB)연방준비제도이사회가 금리를 계속 올리고 이자 부담이 커지자 원리금을 갚지 못하는 비우량 고객들이 늘어났다. 그들이 집을 매물로 내놓으니 시장에는 물량은 넘쳐나고 집을 사겠다는 사람은 없으니 집값은 더 떨어지는 vicious cycle악순환이 이어지면서 subprime mortgage loan은 부실화되고 파산하는 업체들이 생겨났다. 그리고 그러한 대출을 담보로 만든 불량 파생상품들을 비도덕적인 평가업체들이 내린 A등급을 믿고 샀던 개인도 줄줄이 큰 타격을 입게 된 것이다. 결국 global financial crisis글로벌 금융위기는 경제위기로 번졌고 mortgage loan은 죽음의 저당이란 이름처럼 전세계 수많은 사람들을 파탄으로 몰아넣었다. 이 사태에 대해 책임을 져야 할 사람들은 많다. 가장 큰 책임은 미국 정부와 금융 당국에 있다. 이들은 자신의 임무인 적절한 규제와 감시의 역할은 내팽겨친 채 신자유주의 경제시대의 deregulation규제철폐라는 미명 아래 거대 금융기관의 폭탄 돌리기식 비윤리적 행태를 방조했다. 인간사의 추악한 사건들의 심장부를 파헤쳐 보면 그곳에는 moral hazard도덕적해이와 greed탐욕라는 이름의 괴물이 웅크리고 있다. subprime mortgage loan도 다르지 않다. history repeats itself역사는 되풀이된다라고 했던가. 이 사태에서 큰 교훈을 얻지 못한다면 이런 불행은 되풀이될 것이다.

SCENE # 3 WHAT'S THAT POUT?

약혼자 찰리와 프랑스인 애인 줄리엣이 프랑스 남부 해변 도시 Cannes칸으로 놀러 갔다는 말을 듣고 찰리를 되찾으러 그곳으로 향하는 케이트. 뤼크가 그녀와 동행하며 찰리의 마음을 다시 얻을 수 있는 비법을 전수하겠다고 나선다.

Luc   Lesson number one. Before going into a war, you must choose carefully the field of battle.

Luc   Also, never let Charlie see how much you desire him. Never tell someone that you want them.

Kate   You see that? What's that pout? Juliette did that. I remember it perfectly. (한 프랑스 커플을 보고 있다가)

Luc   The pout is one of the French women's greatest weapons.

Kate   What's so great about that?

Luc   It is provocative.

It puts the man in a constant state of excitement and anxiety. She knows how to say "yes" when she means "no", and "no" for "yes". Understand?

뤼크   첫 번째 가르침. 전쟁에 임하기 전 전장을 잘 골라야 해요.

뤼크   그리고 찰리에게 그를 원하는 마음을 들키지 말 것.
        절대로 사랑한다는 말도 하지 말 것.

케이트   저거 보이죠? 왜 뾰로통하고 토라지는 거예요?
        줄리엣도 저러던데. 난 정확하게 기억해요. (한 프랑스 커플을 보고 있다가)

뤼크   토라지는 건 프랑스 여자의 비장의 무기 중 하나예요.

케이트   뭐가 그리 대단한 건데요?

뤼크   자극적이잖아요.
        남자를 지속적으로 흥분하고 불안하게 만드니까요.
        그녀의 '예스'는 '노'이고 '노'는 '예스'예요. 알겠어요?

---

desire 원하다, 바라다   **pout** 입을 삐죽 내밀다, 토라지다; 입을 삐죽거림   **provocative** 자극하는, 도발하는   **constant** 불변의, 일정한

Lesson number one. Before going into a war, you must choose carefully the field of battle. 첫 번째 가르침. 전쟁에 임하기 전 전장을 잘 골라야 해요. 이처럼 뤼크는 **womanizer** 바람둥이답게 케이트에게 남자의 마음을 사로잡는 비법을 전수하며 **Never let Charlie see how much you desire him** 찰리에게 그를 원하는 마음을 들키지 말 것이라 한다.

womanizer	바람둥이. (=) playboy, Don Juan, Casanova
two-timer	양다리 걸치는 사람
cheater	바람둥이, 사기꾼 **cheat on~** ~ 몰래 바람을 피우다
have a fling with ~	~와 바람을 피우다
	ex. John is cheating on his wife. 존은 아내 몰래 바람 피우고 있다.
	She has a fling with an intern. 그녀는 한 인턴과 바람을 피우고 있다.

What's that pout? Juliette did that. 왜 뾰로통하고 토라지는 거죠? 줄리엣도 저러더니. 그러는 와중 케이트의 눈에 들어오는 프랑스 연인 한 쌍. 여자가 별 이유 없이 뾰로통하게 토라지자 남자가 어찌 할 바를 모르고 달래는 모습을 보고 궁금해진 케이트가 묻는다. 줄리엣은 약혼자 찰리의 마음을 빼앗아버린 연적 프랑스녀.

pout	[파우트] 입을 삐죽 내밀다 ; 뾰로통하다, 토라지다 ; 입을 삐죽거리다
	ex. He pouted angrily. 그는 화가 나서 입이 한 발 나왔다.
	Her lips pouted invitingly. 그녀는 입술을 유혹적으로 내밀었다.
pouty	시무룩한, 뾰로통한, 토라지기 잘하는
pouty lips	도톰한 입술. 얇은 입술이 컴플렉스인 백인들이 매우 갖고 싶어 하기에 미국에는 입술을 도톰하게 만드는 성형이 흔하다. 할리우드 배우 중 pouty lips의 지존은 안젤리나 졸리. 여하간 여성지 기사 제목만 봐도 그들의 염원을 알 수 있다.

"**7 Steps to the Perfect Pouty Lips** 도톰한 완벽한 입술을 위한 7 단계"
"**Tips for Pouty Lips** 도톰한 입술 만들기"
"**How to Have Desirable Pouty Lips** 유혹적인 도톰한 입술 만들기"

pouty lips

The pout is one of the French women's greatest weapons. 토라지는 건 프랑스 여자의 비장의 무기 중 하나예요. 라는 뤼크는 그 이유를 It is provocative 자극적이며 It puts the man in a constant state of excitement and anxiety 남자를 지속적으로 흥분하고 불안하게 만드니까요 라 한다. 그의 말인 즉슨 남자들은 자기를 설레고 애타게 만드는 여자를 원한다는 의미이다. 수시로 뾰로통하게 토라지니 한눈 팔지 못하고 항상 긴장 상태로 있어야 한다는 것. 뤼크는 한 술 더 떠서 She knows how to say "yes" when she means "no", and "no" for "yes" 그녀의 '예스'는 '노'이고 '노'는 '예스'예요 라고 한다. 뤼크가 케이트에게 전수하고자 하는 연애 비법은 바로 '튕기기'이다. 우리나라에서도 '튕기기'나 '밀고 땡기기'나 '내숭' 등을 연애의 요령으로 치지 않는가. 이러한 연애전략이 프랑스와 우리나라 사이 유사점이 있다는 게 흥미롭다. 케이트가 프랑스 여자들의 pout를 이해 못하는 것에서 미루어 짐작할 수 있듯이 보통 미국인에게는 '튕기다'라는 개념은 낯설다. 영어에 '튕기다'라는 똑떨어지는 표현도 없다는 것은, 돌려 말하자면 그 말의 존재가 불필요했다는 의미이기도 하다. 어쨌거나 유사한 표현으로 playing hard to get을 쓸 수는 있지만.

playing hard to get | 권유나 이성의 접근 등에 대해 일부러 관심이 없는 체하다, 버티다, 튕기다.
ex. She plays hard to get. 그녀는 튕긴다.
⟨Bollywood Star Plays Hard To Get With Will Smith.⟩
⟨발리우드 스타, 윌 스미스의 제안을 튕기다⟩(발리우드 스타 아이슈와리아 라이가 윌 스미스가 ⟨히치⟩ 영화에 출연해 달라는 제안을 너무 바쁘다며 거절했다는 내용의 기사 제목
발리우드는 Bombay+Hollywood의 합성어로 인도 영화계를 의미.

우리나라 말의 '애교'나 '여우짓'이란 말도 영어에 똑떨어지는 표현이 없다. 이 역시 그 말의 존재가 불필요했다는 의미이며 이 어휘가 내포하고 있는 개념도 그들에겐 낯선 것이라 볼 수 있다. 여하간 케이트는 평소의 미국인 성격대로 찰리에게 솔직하게 '내게 돌아와 줘'라고 매달리려다가 뤼크의 코치로 생각을 바꿔서 **cool** 한 **playing hard to get** 전략을 구사한다. 그리고 결국 성공한다.

어쨌거나 이 영화에서처럼 프랑스 사람들이 미국 사람들보다 더 낭만적이며 훨씬 더 연애 전략에 능하다는 게 사실인지 아닌지는 더 폭넓은 연구를 해 봐야 알 수 있겠지만 중요한 건 적어도 일반 미국 사람들의 의식에는 그렇게 자리잡고 있다는 점이다. 미국의 전통적인 로맨틱 데이트 코스에는 **French restaurant**에서의 **candle light dinner**가 고전으로 자리잡을 걸 봐도 알 수 있듯이.

미국은 역사가 짧은 나라이다. 프랑스에 대한 미국의 동경심은 어느 정도는 사실에 근거한 것이고 어느 정도는 환상 속에서 부풀려진 것이다. 그런데 흥미로운 것은 옛날과는 달리 요즘 미국 젊은 층에서는 프랑스에 대한 일방적인 동경심은 좀 시들었다는 점. 그들은 자기들이 프랑스에 대해 느끼는 감정을 **love and hate relationship**애증의 관계라 한다.

〈Before Sunset 비포선셋〉

Memories are wonderful things if you don't have to deal with the past.
과거와 대면할 필요만 없다면 추억은 아름다운 거지.

_〈Before Sunset 비포선셋〉

　소설가인 제시(에단 호크 분)는 파리에서 출판 홍보 활동 중 셀린느(줄리 델피 분)와 재회하게 된다. 셀린느는 9년 전 우연히 만나 여태 잊지 못하는 여인.

　그날 저녁 두 사람은 파리 강변과 시내를 거닐며 서로의 마음속에 아직도 9년 전 못지 않은 깊은 교감이 살아있음을 발견한다. 사랑은 아직 끝나지 않았다.

9년 전에 그렇게 헤어지지 않았으면 어떻게 됐을까. 허나 그때처럼 안타깝게도 이번에도 두 사람이 함께 있을 수 있는 시간은 너무 짧기만 하다.

　사실 〈Before Sunset〉은 〈Before Sunrise 비포 선라이즈〉를 빼고 논하기 어렵다. 〈Before Sunrise〉가 바로 9년전 제시와 셀린느의 첫 만남을 그린 영화이고 〈Before Sunset〉은 그들의 9년 후 재회를 그린 속편이기 때문.

　〈Before Sunrise〉에서 제시와 셀린느는 유럽횡단 기차 안에서 우연히 만나 함께 비엔나에서 내리는데 거리를 돌아다니며 사랑과 우정, 삶과 죽음에 대한 대화를 나누다 서로에게 이끌린다. 이튿날 동트기 전까지 14시간이란 짧은 시간을 같이 보낸 두 사람은 기차역 플랫폼에서 헤어진다. 이것이 정말 사랑이라고 느낀다면 6개월 후, 이 장소 이 자리에서 다시 만나자는 약속을 한 채….

How to Lose a Guy in Ten Days

You can't lose someone you never had.

애초부터 내 사람인 적이 없었던 사람은 잃을 수도 없는 거예요.

LOVE #2

열흘 안에 남자 친구에게 차이는 법

사랑이 아닌 서로 다른 목적으로 즉, 업무상의 이유로 시작한 가짜 연애가 우여곡절 끝에 진정한 사랑으로 발전한다는 해피엔딩의 로맨틱 코미디. 케이트 허드슨과 매튜 매코너히가 주연을 맡은 이 영화는 box-office hit흥행 대성공을 했다. 원래 기네스 팰트로가 맡게 되어 있었던 앤디 역을 운 좋게 낚아챈 케이트 허드슨은 이제는 할머니가 된 왕년의 미녀 배우 골디 혼의 딸이다.

All is fair in love and war.
사랑과 전쟁에서는 수단과 방법을 가리지 않는 법.

Thank you for making it easy for me to turn down.
거절하기 쉽게 해 줘서 고마워요.

You can't lose someone you never had.
애초부터 내 사람인 적이 없었던 사람은 잃을 수도 없는 거예요.

The Best Quotes

I meant every word.
내 말 한 마디 한 마디는 진심이었어요.

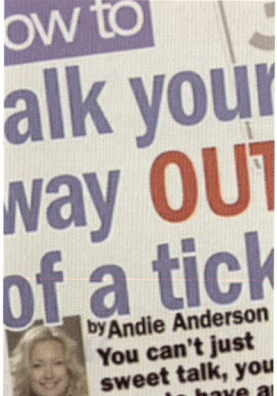

I respect you for respecting me.
당신이 나를 존중하니 나도 당신을 존중해요.

STORYLINE

여성잡지 〈컴퍼저〉의 칼럼니스트 앤디는 독특한 임무를 맡게 된다. 데이트 중 실수로 남자에게 차이는 여자들의 상황을 직접 경험하여 '10일 안에 남자친구에게 차이는 법'에 대한 칼럼을 쓰는 것이다.

이제 앤디는 괜찮은 남자를 유혹해서 자기에게 반하게 만든 후, 갖은 방법으로 데이트를 망쳐 남자에게 차이는 mission특명을 수행해야 한다. 그녀가 점찍은 남자는 잘 나가는 광고회사 직원 벤자민. 하지만 때마침 그는 다이아몬드 회사의 광고를 따내기 위해 한 여성이 10일 안에 자신을 사랑하도록 만들어야 하는 상황이다. 그리고 지목된 여성은 다름 아닌 앤디. 각자 맡은 바 임무를 완수해야 하는 두 사람은 서로의 진짜 목적은 숨긴 채 불순한 동기에서 데이트를 시작한다.

10일 안에 남자에게 차여야만 하는 앤디는 남자들이 싫어하는 여자의 오만가지 모습을 벤자민에게 보여주며 정나미가 떨어지기만 기다리고, 벤자민은 정반대로 앤디가 자기를 사랑하도록 만들기 위해 그녀의 온갖 만행을 참고 견딘다.

그러나 인생은 뜻대로 되지 않는 법. 벤자민의 가족을 만나 즐거운 시간을 보낸 앤디는 벤자민에게 조금씩 진실한 사랑의 감정을 느끼고, 벤자민 또한 진심으로 데이트를 즐기며 앤디와 사랑에 빠져들게 된다. 그러나 서로에 대한 진심을 미처 깨닫기도 전에 상대의 본래 목적을 알아버리고만 두 사람은 각자 배신감에 휩싸이는데….

컬럼비아 대학원 Journalism언론학 석사 출신으로 politics정치나 environment환경 같은 묵직한 기사를 쓰고 싶어 하는 앤디. 하지만 〈Composure〉라는 여성지에 몸 담고 있는 앤디의 담당 분야는 가벼운 비법 소개 코너. 앤디는 바로 How to Girl 비법 도우미인 것이다. 그녀가 쓰는 기사의 제목을 먼저 살펴보자.

How to talk your way out of a ticket 교통딱지를 말로 모면하는 법
How to lose a guy in ten days 10일 안에 남자친구에게 차이는 법
How to feng shui your apartment 아파트 풍수 인테리어법
How to use the best pick-up lines 최고의 작업용 멘트 날리기
How to get a better bod in 5 days 5일 안에 몸매 가꾸기 (bod: body의 속어)

How to feng shui your apartment아파트 풍수 인테리어법라는 제목에서 feng shui는 풍수風水의 중국 발음을 영어로 표기한 것. 미국인들이 풍수에 신경을 쓴다는 것이 신기하겠지만 풍수는 미국 주류사회에서 이미 fad일시적 유행를 넘어서서 문화로 자리잡은 개념이다. 빌 클린턴 전 대통령 부부, 마돈나, 오프라 윈프리도 풍수를 믿는 유명인사들이다. 한 미국 일간지에 재미있는 기사가 실렸다. 당시 first lady영부인인 힐러리 클린턴이 백악관의 layout설계 배치이 자신의 feng shui와 잘 맞지 않아서 맨해튼에 풍수적으로 잘 맞는, 문이 서쪽으로 나 있는 연록색 아파트를 얻었다고 한다. 당시 뉴욕 상원의원 출마를 준비하던 그녀로서는 자신에게 좋은

기를 불어넣어줄 수 있다면 뭐든 가리지 않고 할 수밖에 없었으리라. 어쨌거나 이런 feng shui의 도움 덕택인지 그녀는 senator상원의원가 되었고 그다음엔 국무부 장관이 되었다. 풍수에 대한 미국인들의 관심은 신기할 정도인데, feng shui를 주제로 한 다음 기사 제목만 봐도 얼마나 미국 문화에 깊숙이 침투했는지 알 수 있다.

Feng Shui of Plants in the Bedroom 침실 화초들의 풍수

Have a Baby on the Way? Feng Shui the Baby's Room.
아기가 태어날 예정이라고요? 아기 방을 풍수에 맞게 꾸며주세요.

The Yin-Yang Theory in Feng Shui: Bring Balance to Your Home With Feng Shui
풍수의 음·양 이론: 풍수로 집에 조화를 불러오세요.

How to use the best pick-up lines 최고의 작업용 멘트 날리기는 앤디가 쓴 또 다른 기사 제목이다. 영어에서 활용도 200%를 자랑하는 표현인 **pick-up**은 변화무쌍한 변신술을 자랑한다. 여기서 하나만 짚자면 '만나다' 혹은 속어로 '꼬시다'의 뜻. **Where did you pick her up?**은 '저 여자 어디서 만났어요?' 또는 속어로 '저 여자 어디서 꼬셨어요?'이다. 앤디의 기사 제목에 나오는 **pick-up**은 바로 그런 의미이다. 그럼 **line**은? **line**이라는 단어 역시 여러 의미로 쓰이는데 이 문맥에서는 '대사, 멘트'이다. 그래서 **pick-up + line**하면 '이성에게 던지는 작업용 멘트'를 말한다.

pick up	집어 올리다; 회복하다; 향상하다; 우연히 ~를 익히다; 사귀다; 고르다
	ex. I picked up the book 책을 주웠습니다.
	I'll pick up the phone. 제가 전화 받을게요.
	I'll pick her up. 제가 그녀를 데리러 갈게요.
	He picked up a magazine 그는 잡지 한 권을 샀다.
	They are picking up speed. 저들이 속도를 내고 있네요.
	Where did you pick up your Korean? 한국말 어디서 익혔어요?

pick-up line도 문화마다 다를까? 우리나라에서 가장 흔한 pick-up line이라면 '혹시 시간 있으시면 차라도 한 잔…?'일 것이다. 그런데 과연 성공률은 어느 정도일까? 아무리 시간이 남아돌아도 차마 내 입으로 기다렸다는 듯이 '네, 시간 있어요'라고 하기가 곤란하지 않을까? 미국에서 쓰는 pick-up line의 고전은 Haven't we met before?우리 이전에 만난 적 있지요?하며 말을 붙이는 것이다. 너무 직설적이지 않아서 그런지 이 질문은 상대방의 경계심을 누그러뜨리는 묘한 힘이 있다. 그런데 Haven't we met before?라는 질문을 받은 상대가 거의 반사적으로 그게 pick-up line이라고 생각할까 봐 정말 만난 적이 있는 경우는 Haven't we met before? 하고 물은 뒤 곧이어 This is not a pick-up line이건 작업용 멘트가 아닙니다 하고 다른 뜻이 없음을 밝히기도 한다. 작업용 멘트에 대한 응답도 각양각색인데 Is this a pick-up line?이거 작업용 멘트인가요? 라고 되묻거나 자신이 얼마나 인기가 좋은지 알리고 싶어서인지 I get that all the time그런 말 늘 들어요라고 답하기도 한다. 인터넷 사이트 중에는 funny pick-up lines만 모아 놓은 곳도 있다.

  내가 들었던 가장 인상 깊은 pick-up line 중 하나는 로마 공항에서 입국 여권 심사를 하던 immigration office출입국 관리소 직원이 던진 말이었다. If all Korean ladies are as beautiful as you are, I'm going to Korea tomorrow. 내용이 기발했다기보다는 그 심한 과장과 상황이 놀라웠다. 공무 중에도 짬짬이 pick-up line을 던지는 그 작업남의 투철한 프로정신은 감탄할 정도다! 하긴 세계 최고의 부지런한 작업남으로 소문난 이탈리아 남성들에게는 이런 멘트쯤이야 별 놀랄 일이 아닐지 모른다.

SCENE # 2 UNATTACHED?

앤디와 벤자민이 서로 각자의 목적을 달성하기 위해 의도적으로 접근해서 첫 데이트를 하게 되는 장면이다. 앤디의 목적은 벤자민을 꼬셔서 사귀기 시작한 다음에 정 떨어지게 만들어 10일 안에 차이는 것이고, 벤의 목적은 그와 정반대로 10일 안에 그녀가 자기에게 푹 빠지게 하는 것.

Benjamin	I'm Benjamin Barry.	벤자민	전 벤저민 배리 입니다.
Andy	Cute.	앤디	멋있네요.
Benjamin	Thank you.	벤자민	고맙습니다.
Andy	I meant your name.	앤디	이름 말이에요.
Benjamin	Thank you two times.	벤자민	두 배로 고마워요.
Andy	Unattached?	앤디	솔로이신가요?
Benjamin	Currently.	벤자민	현재는요.
Andy	Likewise.	앤디	저두요.
Benjamin	Surprising.	벤자민	놀랍군요.
Andy	Psycho?	앤디	혹시 사이코?
Benjamin	Rarely. Interested?	벤자민	거의 안 그래요. 관심 있어요?
Andy	Perhaps.	앤디	글쎄요.
Benjamin	Hungry?	벤자민	배고프세요?
Andy	Starving.	앤디	배고파 죽겠어요.
Benjamin	Leaving.	벤자민	나가죠.
Andy	Now?	앤디	지금요?

Cute! 벤자민 베리라는 이름을 듣자 앤디가 바로 이렇게 말한다. 서로 목적이 분명하니 진도도 참 빠르다. 그 흔한 pick up line 한 번 날리지 않고 바로 본론으로 들어간 셈이다. 벤자민이 Thank you라고 하자 앤디는 I meant your name당신 말고 이름 말예요라고 한다. 서로 장단도 참 잘 맞춘다. 여하간 cute는 보통 '귀엽다'라는 뜻으로만 알고 있지만 대상이 남자일 경우는 '잘생겼다', 여자일 경우는 '예쁘다'라는 뜻으로도 쓰인다. Thank you two times두 배로 고마워요라고 대답하는 벤자민. 이름도 멋있지만 외모도 자신있다는 말이다.

Unattached? 솔로이신가요? 통성명이 끝나자마자 앤디가 beat around the bush빙빙 돌려 말하다하지 않고 단도직입적으로 묻는다. 여기서 unattached를 살펴보자. attach는 '첨부하다, 접착하다'이다. 예를 들면 '첨부파일'은 attached file 혹은 attachment(s)라고 한다. 또 번역하기 어려운 우리나라 단어 중 하나가 '정'인데, attach로 그 뜻을 그럭저럭 비슷하게 말할 수 있다.

attach	첨부하다, 접착하다; 덧붙이다 **cf.** be attached to~ ~에 애착을 가지다
	ex. I am sending the file attached. 파일을 첨부해서 보냅니다.
	Send the document as attached file. 서류를 첨부파일로 보내세요.
	Did you get the attachment I sent? 보내드린 첨부 문서 보셨어요?
	I've grown attached to him. 저는 그 사람에게 점점 정이 들었어요.
	I'm attached to it. 저는 그것에 정 들었어요.

Currently. 현재는요. 마음이 급하기는 마찬가지인 벤자민은 '현재는 자유의 몸'이라고 짧게 대답한다. 빨리 목표물을 찾아 행동을 개시해야 하니 빙빙 돌려 말할 여유가 없다.

current	현재의, 현행의; 흐름, 조류, 기류; 해류, 경향, 때의 흐름, 풍조(tendency); 전류		
current affairs	시사	**the current price**	시가(時價)
air current	기류(氣流)	**tidal current**	조류

ex. You have to swim with the current. 시류에 따르세요.
　　The current issue [number] is here. 최신 호가 여기 있어요.

> In matters of style, swim with the <u>current</u>; in matters of principle, stand like a rock.
> 스타일에 있어서는 시류에 따르라. 그러나 원칙에 있어서는 바위처럼 흔들리지 마라.
> 　　　　　　　　　　　　　　　　　　　　_토머스 제퍼슨(Thomas Jafferson)

>>> Great Words

Likewise. 저도 자유의 몸이에요. 라며 앤디가 적극적인 데이트 의사를 밝히자 벤자민은 **Surprising** 즉 '당신 같이 매력적인 여자가 임자가 없다니 놀랍군요'라며 분위기를 돋운다. 여자의 심리를 잘 아는 남자다. 또 **psycho?**혹시 사이코?라 묻는 앤디에게 **Rarely** 거의 안 그래요라고 농담까지 한다.

psycho	psychopath(정신병자)의 속어
psych~	정신, 영혼, 심리, 마음
	psychology 심리학　　**psychologist** 심리학자
	psychiatry 정신의학　　**psychiatrist** 정신과의사
	psychotherapy 심리[정신] 요법

Hungry? 배고파요?라고 묻는 벤자민에게 Starving배고파 죽겠다고 대답하는 앤디. starving은 hungry 보다 더 강도가 센 '굶주리는, 갈망하는'의 뜻이다.

hungry	배고픈　**cf.** hunger 굶주림, 기아
hunger strike	단식 투쟁
	ex. Gandhi engaged in several famous hunger strikes to protest British rule of India.
	인도의 국민 영웅 간디는 단식투쟁으로 영국의 식민지 정책에 항거했다.
	Hunger is the best sauce. 시장이 반찬이다. (속담)
starve	굶기다, 굶주리다, 굶어 죽다, 굶겨 죽이다
	ex. They starved the enemy into surrender. 적을 굶겨서 항복시켰다.
	The child was starving for love. 아이는 사랑에 굶주려 있었다.

Leaving. 나가죠. 이라고 제안하는 벤자민. **Now?** 지금요?라고 따라나서는 앤디. 목적이 맞아떨어진 것도 있지만 서로에게 이끌리다 보니 진행 속도가 빨라도 너무도 빠르다. 물론 영화에서 이 두 사람의 감정은 나중에 '사랑'으로 발전하게 되지만, 만약 실제 상황에서 이처럼 감정이 너무 빨리 달아오르면 금방 식어버릴 가능성이 높지 않을까 싶다. 금방 팔팔 끓는 양은 냄비가 곧 식어버리는 것처럼. 여기서 한 단어가 떠오른다. 바로 **infatuation.** 앞서 언급한 '정'처럼 이 단어 역시 똑떨어지게 한→영 번역이 안 되는 표현인데, 설명하자면 (금방 식어버릴) '팔팔 끓어오르는 뜨거운 연애 감정'을 뜻한다. 참고로 애정은 **affection**이다.

THE BEST QUOTES

〈The Devil Wears Prada 악마는 프라다를 입는다〉

You were by far her biggest disappointment. And if I don't hire you, I'm an idiot.

네가 그녀를 가장 실망시킨 비서래. 허나 너를 채용하지 않는다면 내가 멍청이라는군.

_〈The Devil Wears Prada 악마는 프라다를 입는다〉

영화 속 앤디와 마찬가지로 저널리스트를 꿈꾸었으나 적성에 맞지 않는 패션잡지사에 들어 가게 된 사회 초년생의 이야기를 다룬 영화 〈The Devil Wears Prada 악마는 프라다를 입는다〉. 악명 높은 여성 패션지 편집장 미란다의 비서로 사회에 첫발을 내딛게 된 안드레아가 그녀의 시선으로 여성의 일과 사랑, 성공과 좌절을 유쾌하게 그린 이 영화는 패션 잡지계의 실상을 흥미롭게 그려낸다. 영화 속 주인공과 마찬가지로 실제로 대학 졸업 후 패션지 〈Vogue〉에서 편집장의 비서로 근무했던 저자 로렌 와이스버거가 자신의 경험을 바탕으로 써내려간 동명의 소설이 원작이다. 주인공 안드레아를 괴롭히는 물귀신 같은 상사 미란다의 실제 모델 역시 〈Vogue〉의 편집장 안나 윈투어라고 한다. 영화가 제작될 당시 안나 윈투어는 영화에 참여하는 디자이너들

을 잡지에서 다루지 않을 것이며 영화에 협조하는 〈Vogue〉의 모든 직원들을 가만두지 않겠다고 으름장을 놓았다고 한다. 그러나 첫 영화 시사회에 진짜 프라다를 입고 나타나서 사람들을 놀라게 했다.

The Hunchback of Notre Dame

Life's not a spectator sport.
If watching is all you're going to do, then you're going to watch your life go by without you.
인생은 구경하는 스포츠가 아니야. 구경만 하고 있다간 인생이 너를 남겨두고 떠나가 버리는 걸 지켜만 보게 되지.

LOVE #3

노틀담의 꼽추

이 애니메이션의 원작은 프랑스의 대표적인 시인이자 극작가 겸 소설가인 빅토르 위고의 소설 〈Notre Dame de Paris 파리의 노트르담〉이다. 1831년 출판된 이 소설의 배경은 1480년대의 파리이고 Notre Dame은 Our Lady, 즉 Virgin Mary 성모마리아를 뜻한다. 'Notre Dame de Paris'는 그러니까 '파리의 성모마리아 대성당'이다. 여주인공 목소리의 주인은 데미 무어. 허스키한 목소리가 집시 에스메랄다와 잘 맞았지만 노래 실력은 별로라 영화 속 노래는 다른 사람이 불렀다.

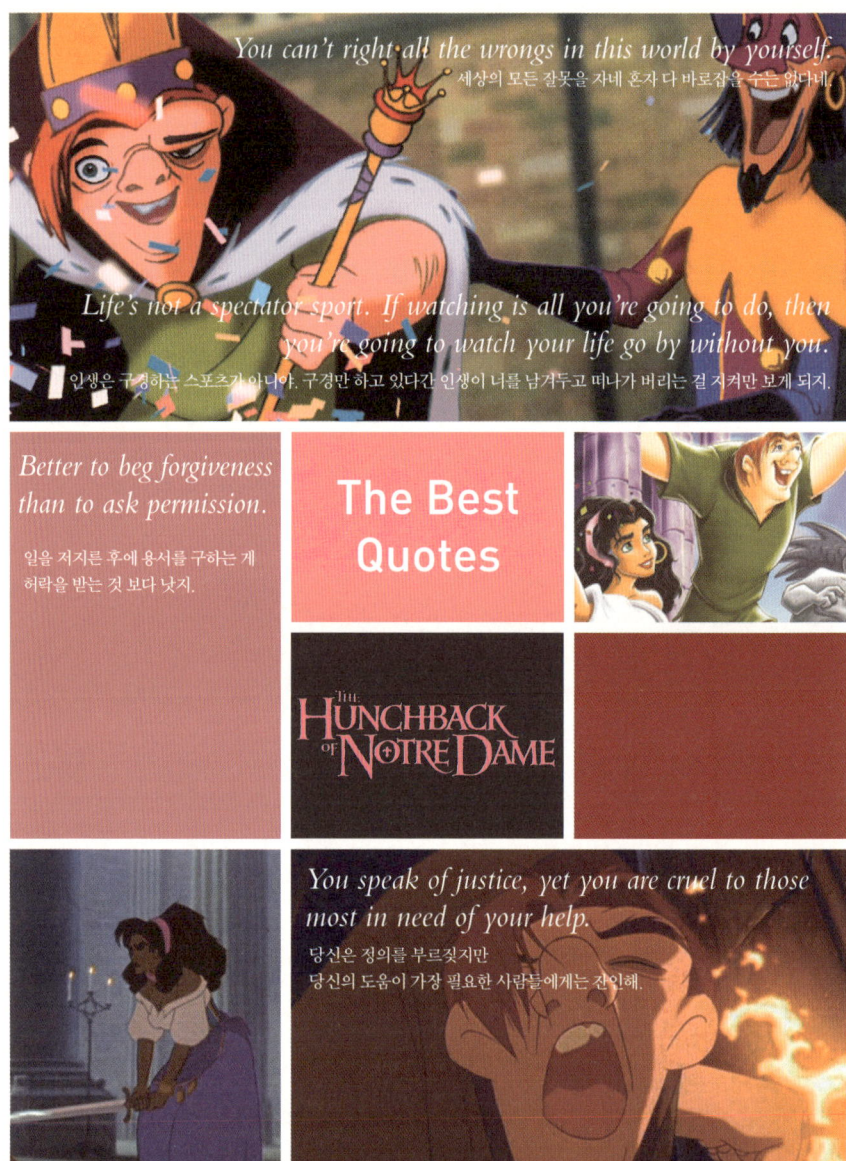

You can't right all the wrongs in this world by yourself.
세상의 모든 잘못을 자네 혼자 다 바로잡을 수는 없다네.

Life's not a spectator sport. If watching is all you're going to do, then you're going to watch your life go by without you.
인생은 구경하는 스포츠가 아니야. 구경만 하고 있다간 인생이 너를 남겨두고 떠나가 버리는 걸 지켜만 보게 되지.

Better to beg forgiveness than to ask permission.
일을 저지른 후에 용서를 구하는 게 허락을 받는 것 보다 낫지.

The Best Quotes

THE HUNCHBACK OF NOTRE DAME

Ignorance is bliss.
모르는 게 약이다.

You speak of justice, yet you are cruel to those most in need of your help.
당신은 정의를 부르짖지만 당신의 도움이 가장 필요한 사람들에게는 잔인해.

STORYLINE

노트르담 성당의 **bell ringer**종치기인 꼽추 콰지모도는 파리의 권력자 프롤로에 의해 세상으로부터 격리되어 노트르담 성당에서 자란다. 콰지모도는 라틴어로 **almost like**, 즉 '생기다 만'이라는 뜻이다. 프롤로는 콰지모도의 집시 어머니를 죽인 장본인으로, 박애정신이 아니라 그 악행을 속죄해 보고자 콰지모도를 맡아 키운 것이다.

Notre Dame de Paris

청년으로 성장한 콰지모도는 성당 밖 세상에 대한 호기심으로 프롤로 몰래 만우제 축제에 참가한다. 그런데 그가 괴물 같은 외모 때문에 '만우제의 왕'으로 뽑히면서 일이 꼬여 버린다. 궁지에 몰린 콰지모도를 아름다운 집시 에스메랄다가 도와주게 되는데, 이에 격분한 프롤로는 호위대장 피버스에게 그녀를 체포하라는 명령을 내린다. 그러나 에스메랄다에게 한눈에 반한 피버스가 프롤로의 명령을 거역하자, 프롤로의 분노는 에스메랄다를 향해 폭발하고 피버스와 콰지모도는 프롤로로부터 에스메랄다를 구하기 위해 힘을 합친다. 에스메랄다에 대한 프롤로의 억압된 욕망이 복수심으로 변하며 비극으로 끝을 맺는 원작과는 달리 애니메이션에서는 할리우드식 해피엔딩으로 끝을 맺는다.

SCENE # 1 HITTING BELOW THE BELT

집시 에스메랄다와 그녀에게 한눈에 반해버린 호위대장 피버스가 성당 안에서 싸우는 장면이다. 에스메랄다는 체포되지 않으려고 목숨을 걸고 싸우지만 그녀에게 이미 마음을 빼앗겨 버린 호위대장 피버스는 건성건성 그녀의 공격을 막으며 시쳇말로 작업에 들어간다.

Phoebus   Easy, easy, I just shaved this morning.
Esmeralda   Oh, really? You missed a spot.
Phoebus   All right, all right. Just calm down. Just give me a chance to apologize.
Esmeralda   For what?
Phoebus   That, for example. (밀면서 검을 뺏어버린다)
Esmeralda   You sneaky son of a...
Phoebus   Ah, ah, ah! Watch it... you're in a church.
Esmeralda   Are you always this charming, or am I just lucky?
Phoebus   Candlelight... privacy... music. Can't think of a better place for hand-to-hand combat! You fight almost as well as a man! (에스메랄다의 공격을 건성으로 막으면서)
Esmeralda   Funny. I was going to say the same thing about you.
Phoebus   That's hitting a little below the belt, don't you think?
Esmeralda   No. This is. (하체를 공격한다.)
Phoebus   Touche!

shave 면도하다   **calm down** 진정하다   **apologize** 사과하다   **privacy** 사생활, 개인적 자유

피버스 진정해요, 면도는 오늘 아침에 했어요.
에스메랄다 그래요? 빠뜨린 데가 있는데.
피버스 알았어요. 진정하고 사과할 기회를 좀 줘요.
에스메랄다 무엇에 대한 사과요?
피버스 말하자면 이런 것. (밀면서 검을 뺏어버린다)
에스메랄다 이 비열한 나쁜 자….
피버스 아 아 아, 말조심! 성당 안이니까.
에스메랄다 당신 항상 이렇게 매력적인가 아니면 내가 운이 좋은 건가?
피버스 촛불에다가…프라이버시 보장되고…게다가 음악까지. 육박전으로는 완벽한 장소군! 아가씨는 거의 남자만큼 잘 싸우는데. (에스메랄다의 공격을 검성으로 막으면서)
에스메랄다 재밌군. 똑같은 말을 댁에게 해주려고 했는데.
피버스 그건 좀 반칙 같은데… 안 그런가?
에스메랄다 아니, 반칙이란 바로 이런 거지. (하체를 공격한다)
피버스 내가 졌소!

Easy, easy, I just shaved this morning. 진정해요, 면도는 오늘 아침에 했어요. 애초에 에스메랄다를 잡아갈 intention의도 따위는 없는 피버스가 그의 얼굴에 검을 겨누는 에스메랄다에게 농담을 한다. 여기서 easy는 '진정하라, 살살하라'의 의미.

shave | 면도하다, 깎다, 밀다
shaved ice | 빙수　red bean shaved ice　팥빙수
　　　　　ex. Peter shaved his head.　피터는 머리를 빡빡 깎았다.

Oh, really? You missed a spot. 그래요? 빠뜨린 데가 있는데. 라며 에스메랄다도 지지 않고 더욱 가열차게 검으로 공격한다.

spot	얼룩, 점, 오명, 장소, 지점, 자리; 당장의, 즉석의; 더럽히다, 얼룩이 생기다, 더러워지다, 발견하다, 찾아내다
spot answer	즉답

ex. Can you save my spot, please? 제 자리 좀 맡아 주시겠어요?
He is in a tough spot. 저 사람은 난처한 입장에 처해 있어요.
White shirts spot easily. 흰 셔츠는 쉬이 더러워진다.
I spotted her in the crowd. 군중 속에서 그녀를 발견했다.

You sneaky son of a ... 이 비열한 나쁜 자… 검을 빼앗긴 채 넘어진 에스메랄다가 피버스를 노려보며 욕한다. 눈치 챘겠지만 에스메랄다가 하고자 했던 **son of a...**에서 채 마무리 짓지 못한 단어는 **bitch**. 우리도 잘 알고 있는 욕설이다. **bitch**는 원래 '암캐'라는 뜻인데 여자를 비하하는 욕으로 더 흔히 쓰인다. 그런데 **son of a bitch**는 너무 심한 욕같이 들리니 앞머리 글자만 따서 **SOB**[에스오우비]라고도 한다.

Candlelight... privacy... music. 촛불에다가…프라이버시 보장되고… 음악까지. 라는 피버스. 에스메랄다의 공격을 은근히 즐기는 그의 유머 감각은 더욱 빛을 발한다. 사실 **candlelight dinner**와 **privacy, music**은 미국 사람들이 그리는 최상의 데이트 조건 아니던가! 비록 **hand-to-hand combat**육박전 중이더라도 피버스는 마음에 드는 여인과 같이 있는 이 상황이 즐거울 뿐이다. 그래서 **Can't think of a better place for hand-to-hand combat**육박전으로는 완벽한 장소군이라고 한다. 물론 **He's joking.** 사실은 **hand-to-hand combat**이 아니라 **romantic date**를 즐길 조건이다.

You fight almost as well as a man! 아가씨는 거의 남자만큼 잘 싸우는데! 기분이 상승세인 피버스가 에스메랄다에게 칭찬이라고 한 말이다. 그런데 에스메랄다가 **Funny. I was going to say the same thing about you** 재밌군. 똑같은 말을 댁에게 해주려고 했는데 라고 똑같은 말로 되받아친다. 피버스에게 **You fight almost as well as a man** 댁의 싸움 실력 역시 거의 남자 수준이다 라는 말은 즉, '당신 싸움 실력이 남자치곤 형편없다' 혹은 '난 당신을 **real man** 사나이로 보지 않고 있다'라는 의미이다. 피버스의 입장에선 당황할 수밖에. 여자에게 '당신의 능력은 남자 못지 않다'라고 하는 것은 칭찬의 말이지만 어느 문화든 남자에게 남자답지 않다고 하는 것은 전혀 칭찬이 아니다.

That's hitting a little below the belt, don't you think? 그건 좀 반칙 같은데… 안 그런가? 마음이 상한 피버스가 이렇게 대답하는데…. '벨트 아래를 치다'라는 말은 도대체 무슨 뜻일까? 권투를 생각하면 이 표현의 뜻이 쉽게 다가온다. 권투선수들은 거의 갈비뼈 아래까지 트렁크를 끌어올려 입는 경우가 많은데, 이는 상대가 때려도 되는 신체 면적을 최소한으로 줄이기 위해서다. 남성들의 급소를 보호하기 위해 벨트 아래를 치지 못하게 하는 규정이 있기 때문. 이런 뜻이 일상에서도 쓰여 **hit below the belt** 라고 하면 '반칙이다, 치사하다, 야비하다' 라는 의미가 된다.

No. This is. 아니, 반칙이란 바로 이런 거지. 라고 하며 에스메랄다가 긴 촛대로 피버스의 하체를 공격한다. 능구렁이 같은 피버스에 대항하는 에스메랄다의 재치가 번득이는데 그래도 마냥 좋기만 한 피버스는 웃으며 **Touche!** 내가 졌소! 라고 한다.

touche | [뚜셰이] 원래 프랑스어인데 영어에서 쓰는 외래어
(펜싱 용어) 찔렸다, 찌르기; (토론 등에서) 손 들었소!, 잘한다!; (정곡을 찌른 비평. 응답에) 한 대 맞았다, 졌다; (토론에서) 급소를 찌른 말

SCENE # 2　SANCTUARY!

에스메랄다와 가까워지고 싶은 피버스. 하지만 일이 꼬이면서 에스메랄다는 노트르담 성당에 갇히게 된다. 피버스는 에스메랄다를 만나 오해를 풀고자 성당에 들리는데 나선형 계단에서 콰지모도와 딱 마주친다. 콰지모도는 피버스가 에스메랄다를 해치러 온 줄 알고 극도로 경계하는데….

Phoebus　Hi there, I'm looking for the gypsy girl. Have you seen her?

Quasimodo　No soldiers! Sanctuary! Get out!

Phoebus　Wait! All I wanted was to...

Quasimodo　Go!

Phoebus　I mean her no harm!

Quasimodo　Go!

Phoebus　You tell her from me. I didn't mean to trap her here, but it was the only way to save her life. Will you tell her that? Will you?

Quasimodo　If you go. Now! (힘이 장사인 콰지모도가 피버스의 멱살을 잡아 들어 올렸다.)

Phoebus　I'll go. Now, will you put me down, please?

Phoebus　And one more thing. Tell Esmeralda she's very lucky.

Quasimodo　Why?

Phoebus　To have a friend like you.

피버스　안녕하세요. 집시 여인을 보러 왔는데 그녀를 본 적 있소?

콰지모도　군인들은 안 돼! 여긴 성역이오! 나가시오!

피버스　잠깐! 난 그냥….

콰지모도　나가시오!

피버스　그녀를 해치지 않을 거요!

콰지모도　나가시오!

피버스　내 말 좀 전해 주시오. 그녀를 여기에 가두고 싶지 않았지만 그녀를 살리려면 그 방법밖에 없었소. 내 말 전해 주겠소? 꼭 전해 주겠소?

콰지모도　당신이 지금 당장 나간다면! (힘이 장사인 콰지모도가 피버스의 멱살을 잡아 들어 올렸다.)

피버스　나가겠소. 그런데 날 좀 내려놔 주시오.

피버스　한 가지 더. 에스메랄다에게 운이 좋다고 전해 줘요.

콰지모도　왜요?

피버스　당신 같은 친구가 있어서.

sanctuary 성역, 성당, 성소　　**trap** 덫, 올가미

Hi there. 안녕하세요. 호위대장 피버스가 콰지모도와 마주치자 인사를 한다. 사실 Hi there라는 표현은 구어체라서 격식을 차려야 하는 경우에는 적절하지 않다.

No soldiers! Sanctuary! 군인들은 안 돼! 여긴 성역이오! 에스메랄다를 만나러 온 피버스에게 콰지모도가 극도의 경계심을 보이며 말한다. sanctuary는 '사원, 성당, 교회 등 신성한 장소' 또는 '공권력이 함부로 무력을 행사할 수 없는 성역, (교회 등의) 죄인 비호권, 피신처, 은신처'를 뜻한다. 즉 노트르담 대성당에는 군인이 함부로 침입해서 에스메랄다를 끌고 갈 수 없다는 말이다. 우리나라의 sanctuary는 '명동성당'으로 볼 수 있는데, 그곳은 상징성 때문에 공권력이 마구 들이치지 못한다.

sanctuary	성소, 성역(聖域) (교회 등의) 죄인 비호권(庇護權), 성역권, 피신처, 은신처, 안식처; (새, 짐승의) 금렵구(禁獵區), (자연) 보호 구역; (남의 눈을 피하는) 편안한 장소
sanctuary privilege	면죄 특권
take[seek] sanctuary	성역으로 피신하다
violate[break] sanctuary	성역을 침범하다
a wildlife sanctuary	야생 동물 보호 구역

그런데 이 장면에서 눈길을 끄는 부분은 또 있다. 바로 이 대화가 진행되는 **spiral staircase** 나선형 계단. 위로 올라가는 피버스의 관점에서 보면 나선형 계단이 **clockwise** 시계 방향으로 돌아가고, 계단을 내려오는 콰지모도의 관점에서 보면 **counterclockwise** 시계 반대 방향으로 돌아간다. 영국식 영어로는 **anticlockwise**. 거의 대부분의 고건축물, 특히 **the Middle Ages** 중세시대에 지어진 건축물의 나선형 계단들은 이처럼 오르는 사람의 시점에서 볼 때는 **clockwise**로, 내려오는 사람의 시점에서는 **counterclockwise**로 빙빙 돌아가게 지어졌다. 왜 그럴까? 이유는 바

로 defense방어를 위해서다. 건축물을 지은 측에서는 당연히 아군이 방어하기에는 편하고, invading army침입군에게는 조금이라도 불리한 구조로 지어야 하는데, 여기서 간과하면 안 될 점은 대부분의 사람들이 right-handed오른손잡이라는 것이다. 즉 방어하는 측이 spiral staircase나선형 계단 위에서 아래를 향하면 counterclockwise시계 반대 방향으로 돌아가는 계단 오른쪽 공간이 넓어서 오른손에 든 무기를 쉽게 휘두를 수 있는 반면, 침입자들은 정반대로 계단을 오를 때 오른쪽 공간이 좁아서 오른손에 든 무기를 제대로 쓰기 어렵게 하려고 계획된 구조이다. 물론 그들이 모두 left-handed왼손잡이라면 이야기는 완전히 달라졌겠지만 말이다. 참고로 양손잡이는 ambidextrous라고 한다. ambi~는 접두사 'both, on both sides'의 뜻이고 dexterous는 '손재주가 있는, 솜씨 좋은'의 의미이다. 여하간 hand-to-hand combat육박전이 사라진 이후에 생겨난 건축물들은 이런 것에 신경쓰지 않고 지어졌다. 더 이상 전쟁에서 hand-to-hand combat이 설 자리가 없기 때문이다. 전쟁에서 인간적인 면을 따지는 것 자체가 아이러니이긴 하지만, 요즘의 하이테크 전쟁보다 man-to-man, hand-to-hand combat으로 자웅을 겨루던 옛날의 아날로그식 전쟁이 더 인간적으로 느껴지는 것은 사실이다.

⟨Notre Dame de Paris 파리의 노트르담⟩

To love another person is to see the face of God.
누군가를 사랑한다는 것은 바로 신의 얼굴을 보는 것이다.

_빅토르 위고(Victor Hugo)

영화의 원작인 ⟨Notre Dame de Paris 파리의 노트르담⟩의 작가이자 프랑스 Romanticism 낭만주의 최고의 거장인 위고의 또 다른 대표작 ⟨Les Miserables 레 미제라블⟩에 나오는 대사다.

⟨Notre Dame de Paris⟩와 ⟨Les Miserables⟩이 가장 인기 높은 위고의 작품으로 꼽히는데 그의 소설은 자유주의적이고 인도주의적 경향으로 짙게 채색되어 있고 그의 시선은 사회적 약자를 향해 따뜻하게 빛난다.

두 작품 다 인기가 좋다 보니 뮤지컬로 또 영화로 재현되었다. 그중 ⟨노틀담의 꼽추⟩의 여러 영화 버전 중 우리나라에서 가장 유명세를 탔던 건 지나 롤로브리지다 Gina Lollobrigida 와 앤서니 퀸 Anthony Quinn 주연의 1956년 작품이다. 당대 최고 섹시 여배우였던 '지나 롤로브리지다'는 매우 잘록한 개미허리로 유명했다. 그래서 우리나라에선 '지나 롤로브리지다' 라는 이름을 응용, '지나가다 허리 부러지다' 혹은 '지나 롤로 허리부러지다'라는 우스갯소리를 하기도 했다. 그런데 별 활동 없이 잠잠하던 그녀의 소식이 들려왔다. 2006년 10월에

79살의 나이로 34세 연하인, 그러니까 49살인 자신의 아들보다도 젊은 45살의 부동산 중개업자과 재혼 소식을 발표해서 모두를 놀라게 했다. 정말 대단한 지나 할머니시다.

 참고로 영어권 사람들은 **Victor Hugo** 빅토르 위고를 '휴고'라 해야 잘 알아듣고 에스메랄다 역의 **Demi Moore** 데미 무어는 '드미'라 해야 통한다.

사진 저작권

〈슈렉〉 p.10, 34, 36, 38, 39, 41 ⓒ Photos 12/ Alamy

〈니모를 찾아서〉 p.10, 54, 56, 58, 59, 71, 74 ⓒ Photos 12/ Alamy

〈다크 나이트〉 p.80, 82, 84, 86, 88, 89 ⓒ Photos 12/ Alamy

〈스타워즈: 에피소드 3〉 p.80, 102, 104, 105, 111 ⓒ Photos 12/ Alamy

〈슬럼독 밀리어네어〉 p.134, 136, 138, 139, 141, 147, 149 ⓒ Photos 12/ Alamy

〈아이앰샘〉 p.134, 158, 160 ⓒ Photos 12/ Alamy

〈신데렐라 맨〉 p.134, 180, 182 ⓒ Photos 12/ Alamy

〈금발이 너무해〉 p.194, 212, 214 ⓒ Photos 12/ Alamy

〈쿨러닝〉 p.194, 228, 230 ⓒ Photos 12/ Alamy

〈프렌치 키스〉 p.244, 246, 248, 263 ⓒ Photos 12/ Alamy

〈열흘 안에 남자친구에게 차이는 법〉 p.244, 268, 269 ⓒ Photos 12/ Alamy

〈노틀담의 꼽추〉 p.244, 280, 282 ⓒ Photos 12/ Alamy

이 책의 저자와 김영사는 모든 사진과 자료의 출처 및 저작권을 확인하고 정상적인 절차를 밟아 사용했습니다. 일부 누락된 부분은 이후에 확인 과정을 거쳐 반영하겠습니다.